Für alle,
die die Wirklichkeit und unseren Platz in ihr verstehen wollen.

Inhalt

Vorwort

Ich bin von zwei Autoren, die ich als Menschen und wegen ihrer Leistungen in ihrem jeweiligen Fachgebiet sehr schätze, gebeten worden, ein Vorwort zu ihrem gemeinsamen Buch zu schreiben, in dem sie ihre privaten fotografischen Untersuchungen der sogenannten »Orbs« vorstellen. Hierbei handelt es sich um ein weltweites Phänomen, das erst in jüngster Zeit in Erscheinung getreten ist. Orbs werden von Zehntausenden von Menschen im Dunkeln mit Blitzlicht und im Hellen mit und ohne Blitz fotografiert, und zwar zum überwiegenden Teil mit Digitalkameras.

Viele glauben, dass die Orbs physische Wesen sind, andere halten sie eher für spirituelle Wesenheiten, und wieder andere sind der Ansicht, dass es sich bloß um Artefakte handelt, die dadurch entstehen, dass sich das Licht an den Partikeln in der Luft bricht.

Ich habe einen umfassenden Hintergrund in traditioneller und psychoenergetischer Wissenschaft und hatte mich in den Siebzigerjahren ein Jahrzehnt lang mit ungewöhnlichen fotografischen Phänomenen (Kirlian-Fotografie und Stanislav O'Jack) befasst. Von daher macht es vielleicht Sinn, dass ich »meinen Hut in den Ring werfe« und auch meine Perspektive in die Erforschung des Orb-Phänomens einbringe.

Nachdem ich mir das Material, das mir Dr. theol. Dr. jur. Mícaeál Ledwith und Dr. phil. Klaus Heinemann zur Verfügung stellten, sorgfältig angeschaut hatte, war ich zutiefst beeindruckt. Nachdem ich ein paar Monate über die Daten und mein eigenes psychoenergetisches Wissenschaftsmodell der Natur nachgedacht hatte, kam ich zu dem Schluss, dass das Auftreten von Orbs zu diesem Zeitpunkt kein Zufall ist. Meine Intuition sagt mir, dass sie zu einem Bewusstseinsanstieg beitragen, der zum Teil durch Fortschritte im menschlichen Denken und zum Teil durch Energien bewirkt wird, die liebevolle und uns freundlich gesinnte Lebensformen aus sichtbaren und unsichtbaren Dimensionen verstärkt auf unseren Planeten richten.

Meine Arbeitshypothese lautet, dass das Orb-Phänomen als eine positive Erfahrung für die Menschheit betrachtet werden sollte, als eine erste Manifestation einer Vielzahl von Kommunikationsformen, die sich noch in Zukunft ergeben werden.

Ich bin mir sicher, Sie werden dieses Buch mit Gewinn lesen. Ich werde Ihnen auch erklären warum, wenn Sie bereit sind, meiner technischen Betrachtungsweise zu folgen.

Die Tiller-Perspektive

Zuerst einmal sollten wir uns fragen, wie sich die traditionelle Wissenschaft von der psychoenergetischen unterscheidet.

In den letzten 400 Jahren hat die traditionelle Wissenschaft das menschliche Bewusstsein nicht für eine bedeutende thermodynamische Variable in der Erforschung natürlicher Erscheinungen gehalten. Stattdessen hat sie sich hauptsächlich mit der metaphorischen Reaktionsgleichung

$$\text{Masse} \longleftrightarrow \text{Energie} \tag{1}$$

befasst. Zum Ausdruck gebracht wurde die quantitative Verbindung zwischen diesen beiden Phänomenen durch Einsteins Formel $E = mc^2$ (E = Energie, m = Masse und c = Lichtgeschwindigkeit im physischen Vakuum). Die psychoenergetische Wissenschaft erweitert diese Gleichung um das menschliche Bewusstsein als eine bedeutende thermodynamische Variable in der Erforschung der Natur. Leider gibt es gegenwärtig noch keine allgemein anerkannte Definition des Bewusstseins, die genügend quantifizierbar wäre, um eine breite Anerkennung als weiterer Begriff auf der rechten Seite der Gleichung (1) zu finden. Anstatt uns also zu fragen, was Bewusstsein *ist*, wollen wir lieber einen Blick darauf werfen, was Bewusstsein *macht*. Wenn wir das tun, sehen wir sofort, dass Bewusstsein *Information verarbeitet* – sei es mit Hilfe von Summen oder Produkten, um nützliche Resultate zu erzielen; mit Hilfe einzelner Buchstaben, um Worte zu erzeugen; mit Hilfe mathematischer Symbole, um Gleichungen aufzustellen; oder mittels vieler Puzzlestücke, um ein schönes Bild zu kreieren. Darüber hinaus wissen wir seit 60 oder 70 Jahren, dass ein Anstieg des Informationsinhalts (in Form von Bits) durch einen bestimmten Vorgang in der Natur quantitativ mit einer Abnahme der Entropie des Universums (in Form von Kalorien per Grad Celsius) verknüpft ist. Und seit 150 Jahren wissen wir, dass die grundlegende Funktion der Thermodynamik, die alle Prozesse in der Natur steuert, in der freien Energie per Maßeinheit oder per Mol chemischer Verbindungen besteht, und in dieser Funktion sind Entropie und Energie gleich stark. Die metaphorische Reaktionsgleichung in der psychoenergetischen Wissenschaft lautet daher:

Masse ↔ Energie ↔ Information ↔ Bewusstsein (2)

Die traditionelle Wissenschaft des vorigen Jahrhunderts baute sehr große Teilchenbeschleuniger, in denen Partikel mit hoher Bewegungsenergie kollidierten und sich in kleinere Teilchen und grundlegendere Bestandteile aufspalteten, wodurch wir die subatomaren Teilchen der Materie besser verstehen lernten. Schon heute, aber besonders in der Zukunft, werden wir ausgerichtetes Bewusstsein benutzen, um die Eigenschaften der Materie gezielt zu beeinflussen. Auf diese Weise verschiebt sich die freie thermodynamische Energie der Natur dahingehend, dass es nicht nur energiebedingte, sondern auch entropiebedingte Veränderungen gibt. Hierin zeigt sich auch die Bedeutung des Übergangs von der analogen zur digitalen Information.

Als nächsten Schritt sollten wir uns die menschliche Psychophysiologie anschauen und uns vor Augen führen, wie stark wir nicht nur von unseren Überzeugungen beeinflusst werden, sondern auch von unseren unbewussten und bewussten Absichten. Lassen Sie uns einfach mit dem »psychophysiologischen Prinzip« anfangen und uns danach drei Beispiele für Biofeedback anschauen.

Jede Veränderung im physiologischen Zustand des Menschen beinhaltet auch eine entsprechende Veränderung in seinem mental-emotionalen Zustand – sei es bewusst oder unbewusst. Und umgekehrt führt jede bewusste oder unbewusste Veränderung des mental-emotionalen Zustands zu einer entsprechenden Veränderung im physiologischen Zustand.

Eines der eindruckvollsten Experimente zur Erforschung des unbewussten Biofeedbacks wurde Mitte der Dreißigerjahre von Slater mit Brillen durchgeführt, die den Blick so veränderten, dass alles auf den Kopf gestellt war.[1] Die Versuchsteilnehmer wurden gebeten, die Brillen mit der verzerrten Wahrnehmung für einen bestimmten Zeitraum permanent zu tragen. Es war nicht einfach für sie, aber sie taten es. Nach zwei oder drei Wochen (abhängig vom einzelnen Individuum) gab es einen »Ruck« und sie sahen wieder alles »richtig herum«. Wenn die Teilnehmer dann ihre Brillen abnahmen, war die Welt plötzlich wieder für zwei oder drei Wochen auf den Kopf gestellt, bevor sich wieder die normale Sichtweise von einem Moment auf den anderen herstellte.

Wenn ich mir diese Untersuchungsergebnisse anschaue, dann lautet meine Arbeitshypothese, dass der augenscheinliche Unterschied zwischen der herkömmlichen Weltsicht und der Wahrnehmung, die durch die speziellen Brillen mit dem umgekehrten Blick zustande kam, die Dendriten im Gehirn gezwungen hat, zuerst eine Art schwach verdrahteten inneren »Umkehrspiegel« zu konstruieren, sodass die gewohnten Erwartungen erfüllt wurden. Später, als es nicht länger von Nutzen war, wurde dieses Element der Gehirnstruktur dann wieder aufgelöst.

Dr. med. Stewart Wolf machte eine doppelte Blindstudie mit einer Gruppe von Frauen, die unter Übelkeit und Erbrechen litten.[2] Die Untersuchung bestand aus zwei Schritten. Zuerst gab er einem Teil der Gruppe ein Mittel gegen Erbrechen und einem anderen ein Placebo. Er war erstaunt, bei wie vielen Frauen aus der zweiten Untergruppe Übelkeit und Erbrechen plötzlich aufhörten. Im zweiten Schritt nahm er die Placebo-Untergruppe und gab ihnen etwas, was er als ein neues hochwirksames Mittel gegen den Brechreiz darstellte. Er beobachtete, dass allen Frauen aus dieser Gruppe nicht mehr übel war und sie sich auch nicht mehr erbrechen mussten. Er hatte ihnen jedoch verschwiegen, dass er ihnen in Wirklichkeit einen Brechwurzel-Extrakt verabreicht hatte, ein sehr starkes Brechmittel, das auf der Intensivstation benutzt wird, um ein gezieltes Erbrechen herbeizuführen. Dieses Ergebnis ist in psychophysiologischer Hinsicht wirklich bemerkenswert: Die Stärke ihrer Erwartungen erzeugte im Körper der Frauen eine thermodynamische Kraft, die die Kraft der gegensätzlichen Anzeichen deutlich übertraf und die starke chemische Kraft ausschaltete, die durch die Einnahme der Brechwurzel ausgelöst worden war.

Mitte der Neunzigerjahre arbeitete ich mit Kollegen am Institute of Heart Math in Kalifornien zusammen und wir untersuchten, welche Auswirkungen es auf unseren elektrophysiologischen Zustand hatte, wenn man sich bewusst darauf konzentrierte, innerlich seine Wertschätzung für eine Person oder eine Sache (ein Gedicht, eine Malerei, eine Naturbegebenheit usw.) auszudrücken.[3] Das zentrale Messgerät für Biofeedback war das Elektrokardiogramm (EKG), außerdem maßen wir die Atmung und die Pulsfrequenz und benutzten den Elektroenzephalografen (EEG). Das Datenmaterial vom EKG wurde automatisch in Herzfrequenz umgewandelt und dem Betrachter in Echtzeit dargestellt. Ihr Leistungsspektrum war ebenfalls sichtbar. Der Zeitpunkt, an dem mit der gezielten Wertschätzung begonnen werden sollte, wurde »Einfrieren« genannt. Abbildung 1 zeigt sowohl die Echtzeit-Veränderungen der Herzfrequenz als auch des Leistungsspektrums vor und nach dem gezielten Einfrieren. Abbildung 2 zeigt das Leistungsspektrum für alle vier simultanen Messsysteme vor und nach der gezielt erzeugten Wertschätzung.

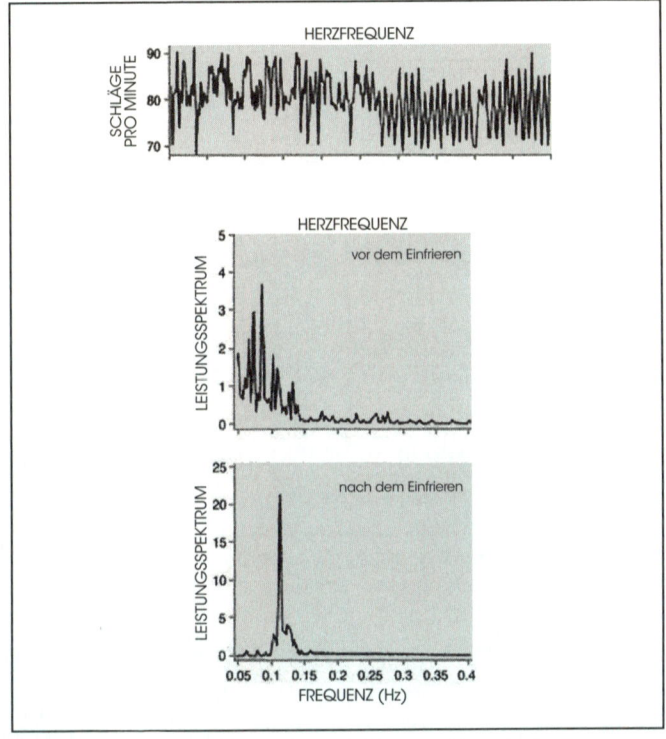

Abbildung 1: Echtzeit-Veränderungen plus Leistungsspektrum der Herzfrequenz vor und nach dem gezielten Einfrieren.

Die Daten machen deutlich, dass eine bewusste Wertschätzung Folgendes bewirkt: (a) einen Zustand der internen Kohärenz der Echtzeit-Herzfrequenz; (b) einen Abfall des parasympathischen (hochfrequenten) und sympathischen (niedrigfrequenten) Leistungsspektrums der Herzfrequenz auf eine Baroreflex-Frequenz von 0,14 Hertz, wo Herz und Gehirn sich stark gegenseitig beeinflussen; und (c) eine starke Phasenkopplung aller vier elektrophysiologischer Systeme mit dieser Frequenz.

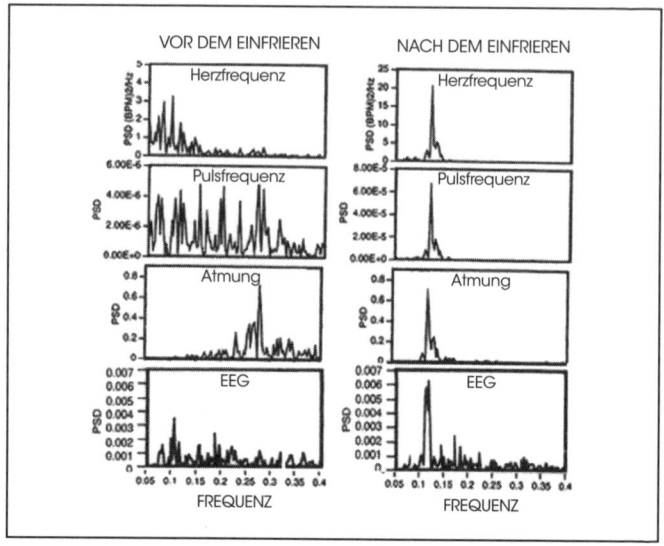

Abbildung 2: Leistungsspektrum für alle vier elektrophysiologischen Messsysteme vor und nach dem gezielten Einfrieren (achten Sie auf die verschiedenen vertikalen Skalen).

Wenn man diese gezielt gesteuerte Wertschätzung regelmäßig praktiziert, kommt es auch zu einer einschneidenden Veränderung des Ausstoßes chemischer Stoffe – zum Beispiel erhöht sich die DHEA-Produktion (Dehydroepiandrosteron; Vorläuferverbindung der meisten Hormone), während die Ausschüttung von Cortisol (das wichtigste Stresshormon) nachlässt. Die interne Stress-Produktion nimmt ab, während der Ausstoß nützlicher Hormone zunimmt. Die oben dargelegten Zusammenhänge zeigen, dass unser Wohlbefinden durch diese besondere Art des gezielt ausgerichteten Bewusstseins erhöht werden kann.

Interessant ist auch, dass bei Individuen, die Erfahrung darin haben, in einen Phasenkopplungs-Modus oder einen internen Kohärenz-Modus der Herzfunktion einzutreten und diesen aufrechtzuerhalten, während sie gleichzeitig versuchen, die molekulare Information von DNA-Molekülen in einem mit Wasser gefüllten Becherglas, das 60 Zentimeter bis 120 Zentimeter von ihrem Körper entfernt ist, willentlich zu beeinflussen, die Daten der Ultraviolett-Spektroskopie zeigen, dass sie DNA-Spiralen willentlich aufspulen oder fester zusammendrehen können.[4] Wenn solch eine Veränderung mit der DNA außerhalb des Körpers stattfinden kann, dann stellen Sie sich vor, wie DNA-Stränge durch gezielte Absicht beeinflusst werden können, die sich *innerhalb* des Körpers befinden.

Ich möchte Ihnen nun am Beispiel eines innerlich sehr weit entwickelten Individuums namens Stanislav O'Jack zeigen, wie das menschliche Biofeld auf den fotografischen Prozess einwirken kann.

Mitte der Siebzigerjahre kam ein geistig sehr hoch entwickelter Mensch in mein Büro an der Stanford-Universität und zeigte mir ein paar Fotos, die er gemacht hatte, weil er wissen wollte, was ich davon hielt. Stan war in dem Glauben aufgewachsen, dass er nicht mit Fotoapparaten umgehen konnte, denn immer, wenn ihm andere eine Kamera in die Hand drückten, um ein Foto von ihnen zu machen, passierte irgendetwas Merkwürdiges auf dem Bild. Schließlich fand Stan heraus, dass es eine starke Verbindung zwischen einer Empfindung im siebten Hals- und vierten Brustwirbel und dem Auftreten merkwürdiger Phänomene gab, die sich auf dem entwickelten Film zeigten. Er zeigte mir etwa 15 seiner Fotos, um seine Aussage zu untermauern. Er benutzte Kodacolor-Film von Kodak, normale Entwicklung und eine einfache Kodak-Kamera mit einer Plastiklinse. Die Bilder hatte er gemacht, indem er die Kamera an einem Stativ befestigte und den Auslöser durch eine 60 Zentimeter lange Schnur betätigte.

Ein paar von Stans Fotos sind in meinem Buch *Science and Human Transformation* abgebildet. Auf den Bildern ist die fotografierte Szene zu sehen, jedoch überlagert (1) von schlangenartigen Lichtröhren, (2) von hellen Kondensstreifen, die in einer an ein Seepferd erinnernden Gestalt auslaufen, (3) von Formen, die aussehen wie aufgeschlagene Bücher, (4) von Bündeln bananenartiger Strukturen usw.. Stan konnte solche Bilder auch mit den Fotoapparaten anderer Leute machen, aber dazu musste er den Apparat vor den Aufnahmen mehrere Tage lang am Körper tragen, um ihn an sein Biofeld zu gewöhnen. Wenn er die sensibilisierte Kamera jemand anderem gab, dann konnte diese Person in den nächsten zehn Stunden ähnlich überlagerte Bilder machen. Sein Biofeld schien notwendig zu sein, um den Apparat »aufzuladen«, und daher war es in seinem Fall normal, dass er ungewöhnliche Bilder machte.

Nachdem mir Stan alle Informationen gegeben hatte, war ich sehr fasziniert und entwarf ein Experiment mit zwei Kameras, das ich mit Stan durchführen wollte. Ich ließ ein Stativ anfertigen, auf den die beiden Fotoapparate im Abstand von 30 Zentimeter angebracht werden konnten. Außerdem wurde ein spezieller Verschlussmechanismus hergestellt, damit beide Verschlüsse gleichzeitig geöffnet werden konnten. Da es den Kodak-Apparat, den Stan benutzt hatte, nicht mehr zu kaufen gab, nahmen wir eine Minolta als nicht sensibilisierte Kamera auf dem Stativ. Als Film benutzten wir in beiden Apparaten einen normalen Kodacolor-Film, die Negative wurden normal entwickelt, und Stan durfte nie die Filmrolle berühren. Jemand anderer musste den Film in die

Kamera einlegen und wieder herausnehmen und zur Entwicklung einschicken.

Abbildungen 3 und 4 zeigen zwei erstaunliche Fotos, die mit den beiden Kameras gleichzeitig aufgenommen wurden (die Minolta befindet sich links). In Abbildung 3 hat die Minolta einen Mann und zwei Frauen festgehalten, die auf einer Bühne vor einer Tafel stehen; die Kodak hingegen zeigt uns einen halbdurchsichtigen Mann, durch den hindurch wir auf die Tafel sehen können. Außerdem scheint »irgendetwas« zwischen einer der Frauen und dem Mann (aber vielleicht auch zwischen allen Personen) übertragen zu werden oder sie miteinander zu verbinden. In Abbildung 4 zeigt die Minolta ein Publikum und ein paar Lichtquellen in einem großen Hörsaal, während auf der Kodak das Gleiche abgebildet ist, aber mit ein paar erstaunlichen Fahnen, die wie »verlangsamte« Lichtstrahlen aus diesen Quellen hervortreten.

Meine Arbeitshypothese aufgrund des vorliegenden Untersuchungsmaterials lautet, dass die sensibilisierte Kamera durch Stans Biofeld Zugang zu einer anderen Realitätsebene

Abbildung 3: Beispiel aus dem Experiment mit zwei Kameras: das Ergebnis der unsensibilisierten Kamera (links) und der sensibilisierten Kamera (rechts). Achten Sie auf den dunklen Hintergrund und auf die Undurchsichtigkeit des Mannes.

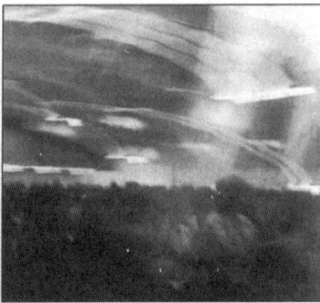

Abbildung 4: Beispiel aus dem Experiment mit zwei Kameras: das Ergebnis der unsensibilisierten Kamera (links) und der sensibilisierten Kamera (rechts). Achten Sie auf das Licht, das von den Lichtquellen an der Decke ausströmt.

hatte, die sich von unserer normalen Ebene elektrisch geladener Atome und Moleküle unterscheidet, und diese auf normalen Film bannte.

Um diese Argumentation weiterführen und vertiefen zu können, möchte ich Sie zuerst über die wichtigsten Forschungsergebnisse der letzten zehn Jahre im Bereich der Psychoenergie informieren:

1. Wir haben entdeckt, wie sich eine gezielte menschliche Absicht in einem tiefen meditativen Zustand auf ein einfaches elektrisches Gerät übertragen lässt. Wenn dieses Gerät in einem Versuchsfeld eingeschaltet wird, bewirkt es, (a) dass dieses Versuchsfeld einen höheren elektromagnetischen (EM) Symmetriezustand annimmt, als er auf unserer normalen physischen Realitätsebene elektrischer Atome und Moleküle existiert, und (b) dass es in Experimenten, die in ihm durchgeführt werden, zu Veränderungen von Materialeigenschaften kommt, die eindeutig in Richtung der gezielten Absicht gehen und fast ihren angestrebten Umfang erreichen.

2. Zwischen 1997 und 2000 wurden vier spezielle Experimente, die dieses Forschungsergebnis bestätigen sollten, mit anorganischem, organischem und lebendem Material durchgeführt und ausgewertet. Sie waren alle überaus erfolgreich.[5]

3. Die Ergebnisse dieser vier Experimente (und weiterer Untersuchungen) haben ergeben, dass es eine zweite einzigartige physische Realitätsebene gibt, die durch den menschlichen Willen beeinflusst werden kann.[6,7]

4. Wir konnten außerdem zeigen, dass das menschliche Akupunktursystem mit seinen Meridianen und Chakras ebenfalls auf diesem höheren EM-Symmetrie-Niveau funktioniert als der Rest des Körpers, der auf dem normalen elektrischen Niveau von Atomen und Molekülen operiert.[6] Eine dauerhafte und zielgerichtete Absicht kann daher in unserem Biofeld die nötigen Zutaten herstellen, um die physischen Eigenschaften unserer materiellen Umgebung zu verändern.

5. Während der Reproduktionsphase eines unserer Zielexperimente haben wir ein Messsystem entwickelt, um den Grad der Veränderung der thermodynamisch freien Energie $\delta G_H^* +$ für das Wasserstoff-Ion H^+ kontinuierlich quantitativ zu messen, während (a) unsere »Quellen«-Vorrichtung den EM-Symmetriezustand des Versuchsfelds anhebt oder (b) menschliche Biofelder diesen Symmetriezustand erhöhen oder (c) die Zunahme in einem Feld geschieht, das auf der Informationsebene mit (a) »verwickelt« ist.[6]

6. Das Fazit lautet hier, dass das menschliche Bewusstsein in der Lage ist, Menschen und Instrumente zu einer einzigartigen physischen Realitätsebene zu verbinden, die normalerweise nicht mit den herkömmlichen Instrumenten aufgespürt werden kann. Möglicherweise hat diese Realitätsebene ihre eigenen Lebensformen, von denen wir einige unter geeigneten Bedingungen vielleicht sogar sehen können.

Unsere Experimente zeigen, dass in einem Versuchsfeld die nachfolgende Gleichung das Messverhalten Q_M bestimmt:

$$Q_M = Q_e + \propto_{eff} Q_m \tag{3}$$

$\propto_{eff}$ ist hier der verbinden Koeffizient zwischen diesen beiden Realitätsebenen $(0 < \propto_{eff} < 1)$; Q_e ist unser normaler Qualitätsmaßstab, wenn $\propto_{eff} \sim 0$ (der elektrische Atom- oder Molekülwert); und Q_m ist der damit verbundene Qualitätsmaßstab auf dieser zweiten einzigartigen Realitätsebene (der Informationswert der magnetischen Welle).

Nun sind wir nur noch einen wichtigen Schritt davon entfernt, dies alles auf das »Orb-Phänomen« anzuwenden. Bevor wir dies tun können, müssen wir noch bis zu einem gewissen Grad das Phänomen der makroskopischen, von der Raumtemperatur abhängigen »Informationsverstrickung« verstehen. Ich meine damit nicht die Verstrickung auf Quantenebene, die man experimentell nur am absoluten Temperatur-Nullpunkt und für sehr kleine Objekte (Moleküle, Buckyballs, winzige Kristalle etc.) beobachten kann. An dieser Stelle meine ich einen Informationsaustausch zwischen Laboratorien, die eine Größe von 300 bis 3000 Quadratmeter haben und mindestens 8000 bis 10 000 Kilometer auseinanderliegen und nicht über Telefon oder Internet miteinander verbunden sind.

Um die Forschungsergebnisse der psychoenergetischen Wissenschaft zu verstehen, haben wir einen zweifachen Bezugsrahmen (BR) entwickelt, mit dem wir die vielfachen Erscheinungsformen der Natur beobachten können. Dieser BR besteht aus zwei wechselwirkenden Teilräumen, einer davon ist die Raumzeit (x,y,z,t), die wir den direkten Raum oder D-Raum nennen. Der andere Teilraum ist ein räumlicher und zeitlicher Frequenzbereich (k_x,k_y,k_z,k_t), den wir den wechselwirkenden Raum oder W-Raum nennen. Der D-Raum wird als BR für die elektrischen Teilchen benutzt, die langsamer als Licht sind, während der W-Raum als BR für die überlichtschnellen, magnetischen Informationswellen dient. Zusammen bilden sie das Teilchen/Welle-Konzept von de Broglie, das ein Eckpfeiler der heutigen Formulierung der Quantenmechanik ist. Es korrigiert den Irrtum der Gründungsväter der Quantenmechanik, die beide Aspekte in das formale Konzept der Raumzeit gepackt hatten.

Nur lose miteinander verbunden ($\propto_{eff}$), existieren nach de Broglie Teilchen/Welle-Wesenheiten nach der Gleichung $v_p\, v_w = c^2$ (v_p = elektrische Teilchenbeschleunigung und v_w = Geschwindigkeit der magnetischen Welle). Dennoch bleibt nicht genügend Verbindungssubstanz übrig, um makroskopische elektrische Teilchen und makroskopische magnetische Informationswellen auf sinnvolle Weise miteinander zu verbinden, sodass jeder isolierte makroskopische Bereich ein U(1) EM- Symmetriezustand des Raumes ist.

Bei einer substanziellen Verbindung ($0 << \propto_{eff} \leq 1$) zwi-

schen den makroskopischen Substanzen von zwei Teilräumen, wird der EM-Symmetriezustand des kombinierten
zweiteiligen Systems auf eine höhere SU(2)-Ebene gebracht und dieses zweiteilige System umfasst dann einen
höheren thermodynamisch-freien Energiezustand, in dem
der menschliche Wille die Eigenschaften des Materials experimentell beeinflussen kann.

Im Falle einer starken Verbindung sind alle Teile des experimentellen Systems nichtlokal über den W-Raum subs-
tantiell miteinander verbunden (verstrickt). Daher erschienen in unserem Nachweis-Experiment – in dem wir den
pH-Wert von Wasser (im Gleichgewichtszustand mit der
Luft) durch Zugabe von +1pH-Einheiten mit Hilfe unserer
»Quellen-Vorrichtung« (auf die die gezielte Absicht ein-
wirkte) erhöhten, die wir in den USA an vier Stellen und
an vier Kontrollstellen (ohne »Quellen-Vorrichtung«) und
zwei europäischen Kontrollstellen (ohne »Quellen-Vorrichtung«) aufgestellt hatten – die experimentellen ΔpH-Wert-
Resultate in 8000 Kilometern Entfernung innerhalb eines
Zeitraums von acht Tagen bis zu drei Wochen.[6]

Wenn wir es mit einem Verbund von Orten zu tun haben,
die im D-Raum so weit voneinander entfernt liegen, müssen
wir ihre entsprechenden Gegenstücke als Vektoren begreifen, die eine Amplitude R und einen Phasenwinkel θ besitzen, und zwar im Hinblick auf eine Koordinierungsrichtung
$\theta = 0$. Im W-Raum muss das gesamte System als Vektor-
summe all seiner Teile behandelt werden, und dies kann
durch einen Vektor $R_s(k) \exp[i\theta_s(k)]$, der für das ganze System steht und bei dem i die imaginäre $\sqrt{-1}$ ist. Dennoch ist
es im Allgemeinen die Stärke $I_s(k)$, die man experimentell
messen oder wahrnehmen kann. Sie drückt sich für einen D-

Raum, der aus drei Teilen (A,B,C) besteht, in der folgenden Gleichung aus:

$$I_S(k) = R_S^2(k) = [R_A^2(k) + R_B^2(k) + R_C^2(k)]$$
$$+2\{R_A R_B cos(\theta_A - \theta_B) + R_A R_C cos(\theta_A - \theta_C) + R_B R_C cos(\theta_B - \theta_C)\} \quad (4)$$

Cos steht für die Kosinus-Funktion. Die Formel in eckigen Klammern steht für das Gegenstück zum W-Raum, wenn es keine Interaktion zwischen den verschiedenen Teilen gibt. Sie ist die Summe der paarweisen Interaktionen zwischen den verschiedenen Teilen des W-Raums im Gesamtsystem.

Wenn daher, wie in Gleichung (3), $\propto_{eff}$ bedeutend größer als null ist, dann können unsere Messgeräte Q_m aufzeichnen, denn hierbei handelt es sich um das Integral $I_S(k)dk$ von null zu einem höheren Wert k^*. Zum besseren Verstehen sollten wir uns ein bestimmtes Beispiel vor Augen führen. Nehmen wir also eine typische medizinische Doppelblindstudie mit A=Arzt, B=Medikament und C=Placebo. Solange $\propto_{eff} > 0$, ergibt die Kombination der Gleichungen 3 und 4:

$$Q_{MB} = Q_{eB} + \propto_{eff} \int_0^{k^*} < R_B^2 + 2\{R_A R_B cos(\theta_A - \theta_B) + R_{BC} cos(\theta_B - \theta_C)\} > dk,$$

$$Q_{MC} = Q_{eC} + \propto_{eff} \int_0^{k^*} < R_C^2 + 2\{R_A R_C cos(\theta_A - \theta_C) + R_{BC} cos(\theta_B - \theta_C)\} > dk \quad (5)$$

Obgleich Q_{ec} ~0 ist und Q_{eB} nicht, nähert sich – wenn $\propto_{eff}$ ausreichend groß ist und die Unterschiede im Phasenwinkel es zulassen – Q_{MC} der Größe von Q_{MB} an, wodurch klinische Tests fehlschlagen könnten, weil der Placeboeffekt so stark ist.

In eine ähnliche Richtung geht das, was Enserink in einem

kurzen Artikel für das Wissenschaftsmagazin *Science* (1999) geschrieben hat. In diesem Artikel stellt er fest, dass in den frühen Achtzigerjahren Doppelblindexperimente mit Zwangs-
störungen ergeben haben, dass die Reaktion auf das Placebo
sehr gering ist (weniger als 15 Prozent), verglichen mit dem
Effekt der Behandlung.[7] Dennoch erbrachte 1999 eine Me-
taanalyse von 19 Antidepressiva-Tests einen durchschnitt-
lichen Placeboeffekt von 75 Prozent im Vergleich mit der tatsächlichen Wirkung des Medikaments. Die wichtigste Frage,
die man sich an dieser Stelle stellen sollte, lautet, warum die
Wirkung des Placeboeffekts in den vergangenen 20 Jahren so
stark zugenommen hat. Ebenfalls stark zugenommen haben
in diesem Zeitraum kosmologische Untersuchungen (a) hinsichtlich der Expansion des Universums an seinem äußeren
Rand, und (b) in Bezug auf einen Überschuss dunkler Energie
und dunkler Materie in der Natur.

Meine gegenwärtige Arbeitshypothese im Anblick der
Forschungsdaten lautet, dass die Konzentration aktiver »Ver-
bindungssubstanzen« im Kosmos und sicher auch in unserem
lokalen Universum schon seit mehreren Jahrzehnten immer
mehr zunimmt. Wenn das stimmt, würde α_{eff} an Stärke zu-
nehmen. Dies würde dazu führen, dass der Placebo-Effekt
im Doppelblindversuch fast an die Wirksamkeit des Medikaments heranreicht. Damit würde das Ende von sinnvollen
Doppelblindversuchen eingeläutet sein; es würde deutlich
machen, warum die Verbundenheit zwischen Menschen mit
der Zeit zunimmt und warum wir in dieser Zeit mit unseren
Digitalkameras Orbs einfangen können.

Alle oben aufgeführten Forschungsdaten weisen auf eine
tiefgreifende Verbundenheit zwischen den unterschiedlichen Teilen der Natur hin. Jeder von uns kann alle biolo-

gischen Lebensformen um uns herum durch die Emissionen seines Biofelds und durch die Informationen, die dieses Feld in sich trägt, beeinflussen – sei es bewusst oder unbewusst. Abbildung 5 zeigt eine einfache Darstellung der interaktiven Elemente, die an *jedem* Kommunikationsereignis beteiligt sind, und zwar unabhängig davon, ob wir Geistlicher, Heiler, Arzt, Akupunkteur, Lehrer, Künstler, Ehepartner, Elternteil sind oder Orbs fotografieren. In jedem Fall sind immer die Gleichungen (3) bis (5) beteiligt.

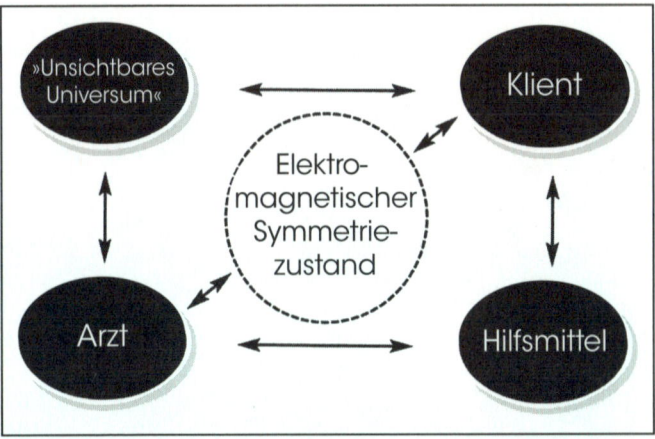

Abbildung 5: Die fünf entscheidenden Elemente, die an jeder menschlichen Kommunikation beteiligt sind und sie beeinflussen.

Im Zusammenhang mit unserem speziellen Thema können wir Arzt durch Fotografierender, Hilfsmittel durch Kamera und Klient durch Orbs ersetzen. Wenn das Biofeld des Fotografierenden stark genug ist, um den Raum und die Kamera zu beeinflussen, und wenn die Orbs eine Lebensform des W-Raums sind, dann sollten sie auch abbildbar sein – vorausgesetzt, bestimmte technischen Voraussetzungen sind gegeben. Dies kann dann der Fall sein, wenn sie genügend auf der Informationsebene mit uns verstrickt sind. Offensichtlich handelt es sich bei den Orbs nicht um Geschöpfe unserer Raumzeitwelt. Diese Art fotografischer Beweis sollte unter geeigneten Umständen auch mit Lebensformen aus einer höheren Dimension möglich sein.

Dr. phys. William A. Tiller
Emeritierter Professor der Stanford-Universität

Einleitung

Im letzten Jahrzehnt haben Fotografierende auf der ganzen Welt ein merkwürdiges Phänomen beobachtet. Nachdem Digitalkameras die herkömmlichen Fotoapparate immer mehr ersetzt hatten, erschienen auf Bildern, die auf der ganzen Welt in den verschiedensten Situationen aufgenommen worden waren, kreisförmige optische Anomalien. Merkwürdig war, dass sich diese Anomalien zum Zeitpunkt des Fotografierens nicht mit dem bloßen Auge erkennen ließen und es keine physischen Gegenstände oder Substanzen gab, die diese Störungen nachweislich verursacht haben könnten. Die Menschen wunderten sich: Handelte es sich dabei um Energiefelder, die das menschliche Auge nicht sehen konnte? Waren sie mit Realitäten verknüpft, die sich außerhalb der normalen menschlichen Wahrnehmung befanden? Das Phänomen stieß auf ein großes Interesse, und es gab unzählige Erklärungsversuche.

Die ursprüngliche (und voraussagbare) Reaktion bestand darin, sie als »Geister« oder nicht inkarnierte Wesenheiten zu klassifizieren. Auf diese Weise kamen die Orbs in die Kategorie »Geistererscheinungen« und erhielten viel Aufmerksamkeit von Menschen, die sich selbst als »Geisterjäger« bezeichnen.

Andere machten sich über diese Vorstellung lustig und versuchten zu beweisen, dass Orbs auf atmosphärischer Verschmutzung beruhen oder durch nicht richtig funktionierende Fotoapparate zustande kommen.

Gegenwärtig gibt es nur wenig seriöse Literatur über Orbs, während im Internet Erklärungen in Hülle und Fülle angeboten werden.

Als Cynthia Black, die Cheflektorin des US-amerikanischen Verlags Beyond Words, uns den Vorschlag machte, unsere getrennten Arbeiten über das Orb-Phänomen in einem Buch zusammenzufassen, waren wir beide sofort begeistert, machten uns aber auch Gedanken, wie eine solche Zusammenarbeit funktionieren konnte. Nachdem wir gegenseitig unsere Manuskripte gelesen hatten, lösten sich unsere Bedenken jedoch in Luft auf.

Seit Jahrzehnten arbeiten wir beide in ähnlichen Bereichen. Míċaeál, der mehr als 35 Jahre katholischer Theologe war, hat viel über Spiritualität und Jesus geforscht. Im Jahre 2001 hatte er angefangen, das Orb-Phänomen mit großer Leidenschaft zu studieren, zwei Jahre, bevor auch Klaus anfing, sich mit diesem Thema zu beschäftigen. Klaus, Experimentalphysiker mit starkem Interesse an Spiritualität und der Natur der geistigen Welt, hatte schon längst herausgefunden, dass die traditionelle christliche Weltsicht zu begrenzt war, als er das erste Mal mit Orbs zu tun hatte. Míċaeál, der Theologe, spürte sofort, dass die Erforschung des Orb-Phänomens ein Meilenstein für die wissenschaftliche Erkenntnis der vielschichtigen geistigen Welt und ihrer Auswirkungen auf den physischen Bereich sein konnte. Und Klaus, der Physiker, hatte spontan den Verdacht, dass die Orb-Fotografien ein wichtiger Teil des Puzzles sein konnten, mit dem sich letztlich beweisen ließ, dass es tatsächlich eine spirituelle Wirklichkeit gab.

Wir überschritten also beide mutig die Grenzen unserer akademischen Fachgebiete und schufen ein klassisches Beispiel für Synergismus: das gemeinsame Resultat unserer individuellen Forschungen. Die Entdeckung der Natur und der Bedeutung der Orbs ist mehr als die Summe ihrer einzelnen Bestandteile. Die Orbs werfen ein neues Licht auf die philosophische/geistige/wissenschaftliche Erkenntnis, dass alles eins ist. Im Angesicht dieser erweiterten Sichtweise der Realität sind unsere verschiedenen Forschungsergebnisse fundamental deckungsgleich. Die zweiteilige Präsentation unserer Forschungsergebnisse und unsere gemeinsame Schlussfolgerung ermöglicht es Ihnen, diesen Synergismus von theologisch/wissenschaftlichen und wissenschaftlich/theologischen Denkansätzen aus erster Hand nachzuvollziehen.

Wir waren beide davon überzeugt, dass das Orb-Phänomen uns ein wichtiges Werkzeug an die Hand gibt, um die Natur der Wirklichkeit besser zu verstehen, wenn wir es vermeiden, in die beiden Extreme eines übertriebenen Skeptizismus oder einer begeisterten unkritischen Leichtgläubigkeit zu verfallen. Wir entschieden uns also dafür, ein Buch zu machen, in dem jeder von uns seine einzigartigen Forschungsergebnisse vorstellen kann. Unsere jeweiligen Fachgebiete, unsere experimentelle Herangehensweise und unsere Schlussfolgerungen ergänzen sich hervorragend für eine Studie dieser Art.

Das vorgestellte Material ist das Ergebnis von mehreren Jahren sorgfältiger und völlig unabhängig durchgeführter Erforschung des Orb-Phänomens von zwei Autoren, die sich und ihre Arbeiten vorher nicht kannten und erst durch die Initiative der Verlegerin zusammengebracht wurden. Wir bieten es den Menschen an, die unvoreingenommen sind und sich selbst mehr Klarheit auf diesem Gebiet verschaffen wollen. Wir beschreiben, wie wir auf dieses Thema gestoßen wurden und mit welchen Fehlern und Fallstricken wir es bei unseren Untersuchungen zu tun hatten. Wir hoffen, damit denen zu dienen, die sich selbst näher mit den Orbs beschäftigen wollen. Gleichzeitig geben wir Anregungen und Einblicke in Bezug auf die Auswirkungen, die das Orb-Phänomen für unser Verständnis der Wirklichkeit haben kann.

Dr. theol. Dr. jur. Mícaeál Ledwith
Dr. phys. Klaus Heinemann

Teil I

Das Orb-Phänomen

von Dr. theol. Dr. jur. Míċaeál Ledwith

Vorwort zu Teil I von JZ Knight

Mein ganzes Leben lang habe ich wunderbare Dinge gesehen, die für mich ganz normal waren, auch wenn andere Menschen sie nicht wahrnahmen. Ich wuchs in Texas auf, wo meine Mutter Baumwolle pflückte und für das Pfund nur wenige Pennys bekam. Unser Zuhause hatte kein fließendes Wasser und keine Elektrizität, keine Möbel, keine Tapeten, keine Kunstgegenstände, keinen Garten mit Blumen – einfach nur nackter Erdboden und Luzerne. Wir waren extrem arm. Da wir kein Geld für einen Arzt und für Medikamente hatten, nutzte meine Mutter ihre angeborenen Fähigkeiten, um Familienmitglieder zu heilen. Sie sah Zeichen, hatte Visionen und prophetische Träume. Diese erstaunlichen Fähigkeiten beeinflussten ihr tägliches Leben. Ich war gesegnet, denn durch die harten Lebensumstände – die kahle Umgebung und das Fehlen grundlegender materieller Güter – fand ich in mir selbst wunderbare, wenn auch ungewöhnliche Begabungen und Talente, die den meisten Menschen nicht bewusst sind. Wie Shakespeare schrieb: »Süß ist der Nutzen von Widrigkeiten.«

Zu den wundervollen Erfahrungen, die ich machte, gehörte eine tiefe Liebe zu Gott und ein tiefes Verstehen, was Liebe eigentlich ist. Später ging ich dann in die Kirche und versuchte Gott und die Schöpfung aus dem Blickwinkel der religiösen Doktrin zu verstehen. Aber sie stand nicht nur in

Konflikt mit dem, was ich fühlte, sondern auch mit dem, was ich wusste.

Dann begann vor 30 Jahren eine völlig neue Lebensphase und alle Erfahrungen meiner Jugend machten auf einmal Sinn. Die Wesenheit Ramtha trat in mein Leben und fing an durch mich zu sprechen. Von Anfang an lehrte mich Ramtha, wie ich meine physische Realität transzendieren konnte. Genauer gesagt warf er mich buchstäblich aus meinem Körper hinaus. Ich flog durch einen leuchtenden, sich drehenden Tunnel, der von dem Geräusch rauschender Winde erfüllt war – der Musik, die uns auf dem Weg in die nächste Existenzebene begleitet. Schließlich stieß ich an etwas, was wie eine weiße Wand aussah und kehrte in meinen Körper zurück. Was sich wie zehn Minuten anfühlte, hatte in Wirklichkeit mehr als sechs Stunden gedauert. Nach diesem Erlebnis und noch vielen anderen ähnlichen Erfahrungen, stand ich vor der Herausforderung, anderen zu erklären, wie es möglich war, über ein göttliches Bewusstsein zu verfügen und doch gleichzeitig von ihm getrennt zu sein.

Im Laufe der Jahre habe ich in solchen Begegnungen Dinge gesehen, die sich andere nur schwer in ihren wildesten Träumen vorstellen können. Ich habe andere Universen gesehen; habe gesehen, wie Leben kommt und geht; und ich habe außergewöhnliche Wesen in anderen Dimensionen getroffen. Ich habe die andere Seite der großen Illusion gesehen, die wir den Tod nennen.

Ramtha hat diejenigen, die nach seiner Lehre leben, immer dazu ermuntert, sie konkret im Licht der wissenschaftlichen Erkenntnis, des praktischen Experiments und des normalen Alltagslebens anzuwenden. Auf diese Weise brauchen wir nicht länger zu glauben – wir wissen. Das Orb-Phänomen ist dafür ein typisches Beispiel. Ramtha hat von Wesen gesprochen, die auf anderen Existenzebenen leben. Ich habe diese Wesen selbst gesehen, aber ich habe diese Erfahrungen für mich behalten, weil viele Menschen schnell fanatisch werden, wenn es um übernatürliche Dinge geht. Vor fünf oder sechs Jahren hat Ramtha viel über die »Orb-Wesenheiten«, wie er sie nannte, gesprochen. Ich hatte viele Begegnungen mit Orbs, wie ich in meiner Autobiografie *A State of Mind* geschrieben habe. Ich habe diese Lichtkugeln nicht nur gesehen, oftmals haben sie auch die Bücher für mich ausgewählt, die ich lesen sollte. Sie haben sich so über den Seiten verdichtet, die *für sie* von Interesse waren, dass ich versuchte, sie zur Seite zu wischen, damit ich überhaupt etwas lesen konnte. Sie sind nicht nur eine Kugel neugierigen Lichts, sondern das, was Sie und ich sind, wenn wir uns *außerhalb unseres Körpers* befinden! Wir sind die göttliche Lichtkugel, die Lebenskraft von Körper und Geist!

Nachdem Ramtha mich mit den Orbs bekannt gemacht hatte, fing ich an, ihre schwache Erscheinung auf frühen digitalen Fotos zu entdecken. Ich bin sehr froh, dass sich nun auf breiter Ebene zeigt, was ich so lange für mich behalten habe. Seit damals sind auf jeder Veranstaltung der Ramtha-Schule unzählige Orbs anwesend.

Mícaeál Ledwith war einer von denen, die in der Zeit, als Ramtha uns auf die Orbs aufmerksam machte, eine ausführliche Langzeitstudie über dieses Phänomen begann. Er hat inzwischen mehr als 100 000 Orb-Abbildungen in seiner Sammlung. In diesem Buch beschreibt er seine erstaunlichen Erfahrungen auf dieser Reise und erklärt, in welchen Situationen man Orbs am besten sehen kann. Er kommt zu vielen faszinierenden Schlussfolgerungen, und zwar nicht nur darüber, was Orbs sind, sondern auch, welche Auswirkung ihre Existenz auf unsere liebgewonnenen Überzeugungen hat, die dadurch, wie er sich ausdrückt, »einer dringenden Neudefinition bedürfen«.

JZ Knight

Einführung

»Es gibt mehr Dinge im Himmel und auf Erden…«

Die Menschen sind schon immer vom Übersinnlichen faszniert – und begegnen ihm entweder mit Abscheu, starkem Interesse oder morbider Furcht. Immer wenn ich mir die historischen Quellen anschaue, die es zu diesem Thema gibt, bin ich beeindruckt, wie konstant der Inhalt des Übersinnlichen – quer durch alle Kulturen – bis auf den heutigen Tag geblieben ist: Gespenster, Poltergeister, Heimsuchungen, Engel, Kobolde, unerklärliche Phänomene, Vorausahnungen, Prophezeiungen, Séancen, Dämonen und Ektoplasma. In vielerlei Hinsicht prägen diese Erscheinungen, mehr als jede andere Tatsache, unsere Vorstellungen vom Jenseits. Offensichtlich stellen auch bestimmte Ereignisse, die als übersinnlich betrachtet wurden, den Ausgangspunkt für fast alle Religionen dar. Übersinnliche Erfahrungen – besonders Gespenster, Poltergeister und Vorausahnungen – ermutigen uns zu der Annahme, dass es etwas Größeres gibt als unsere eigene Schwachheit und Zerbrechlichkeit. Dies wiederum befriedigt unseren Drang zu wissen, welchen Platz wir in der Ordnung der Dinge haben, aber vor allem gibt es uns die Gewissheit, dass mit dem Tod nicht alles unwiederbringlich verloren ist.

Seit kurzem gibt es jedoch in der Galerie des Übersinnlichen etwas, was sich radikal von dem unterscheidet, was ich oben beschrieben habe, besonders seit digitale Fotoapparate populär geworden sind. Mysteriöse Objekte, kugel- oder kreisförmig, die sich nicht mit dem bloßen Auge erkennen lassen, tauchten plötzlich auf Bildern auf, die in allen nur erdenklichen Situationen aufgenommen werden. Und wie viele andere Dinge, die neu sind, sind auch diese Wesen unvorhersehbar und respektlos und halten sich nicht an herkömmliche Regeln. Tatsächlich verhalten sie sich oft wie die Halbwüchsigen des Übersinnlichen, die Chaos in die ordentlichen und muffigen Strukturen bringen, die wir aus der Vergangenheit kennen. Oder sie verhalten sich nur deshalb so, weil wir durch sie das erste Mal leichten Zugang zum Übersinnlichen haben und jeder sie beinah auf Kommando beobachten kann.

Die Entwicklung der Digitalkameras markiert natürlich nicht den Anfang des Orbs-Phänomens. Ich habe selbst ein paar Bilder dieser mysteriösen Erscheinungen aus den frühen Neunzigerjahren, die noch mit einem normalen Fotoapparat aufgenommen wurden. Dennoch besteht kein Zweifel daran, dass dieses Phänomen nach dem Aufkommen der Digitalkamera häufiger und in mehr Situationen weltweit fotografiert wurde, und zwar von Menschen jeden Alters, jeder Rasse, Hautfarbe, sozialen Schicht oder Religion.

Im Gegensatz zu vielen anderen »übersinnlichen« Erfahrungen, ist das Orb-Phänomen glücklicherweise nicht etwas, was Experten oder Gurus für sich beanspruchen können, und auch nicht diejenigen, die glauben, von Gott in irgendeiner Weise begünstigt worden zu sein. Die Existenz der Orbs kann von jedem wiederholt erfahren und beurteilt werden. Bevor ich gebeten wurde, mich an diesem Buch zu beteiligen, habe ich diese mysteriösen Energieformen über einen Zeitraum von fünf bis sechs Jahren täglich in großer Anzahl fotografiert. Gegenwärtig besitze ich eine Sammlung von über 100 000 Orb-Abbildungen, und ich kenne mehrere andere große Sammlungen. Jeder, der eine einfache Digitalkamera oder sogar nur einen normalen Fotoapparat und genügend Zeit und Geduld hat, kann das Gleiche tun. Jeder kann dann seine eigenen Bilder auswerten und ist nicht von einem Experten abhängig.

Zum Glück leben wir in einem skeptischen Zeitalter, in dem Wahnvorstellungen und Illusionen nicht so leicht geglaubt werden wie früher. Dies verhindert vielleicht, dass wir instinktiv jedes neue Phänomen schnell mit dem vergleichen, was uns bereits bekannt ist. Es wäre daher schade, wenn wir Orbs nur oberflächlich für Gespenster, böse Geister oder die Seele Verstorbener halten würden. Denn eins steht fest: Was wir auch immer über sie herausfinden werden, sie sind viel mehr als das. Das Orb-Phänomen weist wahrscheinlich auf Realitäten hin, deren Existenz wir niemals für möglich gehalten haben.

Es ist ebenfalls bedauerlich, dass das Orb-Phänomen im Zusammenhang mit dem »Paranormalen« und »Übersinnlichen« diskutiert oder mit Orten in Verbindung gebracht wird, die in dem Ruf stehen, von Gespenstern heimgesucht zu werden. Viele Forscher des Paranormalen haben Leib und Leben riskiert, indem sie mitten in der Nacht in unzugänglichen Landstrichen unheimliche Friedhöfe und Orte aufgesucht haben, an denen es angeblich spukte. Sie hätten stattdessen einfachere Nachforschungen von ihrer eigenen Veranda aus durchführen können und dabei das Risiko einer Lungenentzündung wesentlich verringert. In unserer

Kultur wurden diese Phänomene schon immer in die Schublade »geisterhaft« und »okkult« gesteckt, aber wir werden anders an diese Untersuchungen herangehen – und weniger Angst haben und uns nicht mit Kälte und Feuchtigkeit herumschlagen müssen –, wenn wir nicht vergessen, dass die Orbs und die Bereiche, aus denen sie stammen, grundsätzlich nichts mit Glauben zu tun haben, sondern ein physikalisches Phänomen sind.

Jedoch könnte eine neue Art des Vorurteils eine unvoreingenommene Erforschung des Orb-Phänomens erschweren. Im Jahre 1998 wurden in einer Studie, die in der Zeitschrift *Nature* veröffentlich wurde, Mitglieder der *National Academy of Science* über ihren Glauben befragt. Ungefähr 72 Prozent der Befragten meinten, sie würden nicht an die Existenz eines persönlichen Gottes glauben. Viele führende Wissenschaftler sind enttäuscht von Mythologien aus zweiter Hand über einen Gott aus zweiter Hand, die nichts damit zu tun haben, wie die Dinge wirklich sind. Sie sind daher zu dem Schluss gekommen, dass es kein Überleben nach dem Tod gibt und auch keine Existenzform außer der physischen, so wie wir sie kennen. Wenn der überwiegende Teil derjenigen, die die Vorhut kreativen Denkens und Entdeckens bilden, nicht an eine spirituelle Wirklichkeit glaubt, dann sind wir alle die Verlierer in einer trostlosen Landschaft des Atheismus, und dies hat direkte Auswirkungen auf die Einschätzung des Orb-Phänomens. Wenn Wissenschaftler nicht an eine spirituelle Gegenwart glauben, dann werden sie auch nicht nachvollziehen können, dass Orbs Geistwesen aus einer anderen Dimension sind.

In vielerlei Hinsicht erinnert mich das Ganze an den berühmten Fall des Wiener Geburtshelfers Dr. Ignaz Semmelweis. Im Jahre 1861 konnte er schlüssig eine Verbindung zwischen den vielen Todesfällen durch Kindbettfieber und der Tatsache nachweisen, dass sich die Ärzte nicht zwischendurch die Hände wuschen, wenn sie im Leichenschauhaus eine Autopsie gemacht hatten und danach Babys aus dem Mutterleib holten. Da es damals noch keine Technik gab, mit der sich die Existenz von Keimen nachweisen ließ, machten ihn viele herkömmliche Ärzte lächerlich, weil er behauptete, es würde unsichtbare Überträger von potenziell tödlichen Krankheiten geben.

Nichts kann eine klare wissenschaftliche Einstellung in der Forschung ersetzen. Aber eine verächtliche Haltung gegenüber allem, was nicht in ein Teströhrchen, ein Gefäß oder einen Messbecher passt, entspricht nicht den Anforderungen von strenger Objektivität und Offenheit, die erforderlich ist, wenn man etwas genau untersuchen will. Ich hoffe nur, dass die Erforschung der Orbs nicht unkritisch in einen Topf mit dem Paranormalen geworfen wird, denn da gehört sie überhaupt nicht hin. Ein faszinierender Forschungsbereich würde auf diese Weise einen großen Schaden erleiden. Ich bin jedoch optimistisch, dass dieser neue Forschungsbereich nicht weiter pauschal von denjenigen abgetan wird, die behaupten, objektiv zu sein und mit wissenschaftlichem Denken sei das Orb-Phänomen unvereinbar.

Abgeschreckt von den kläglichen Versuchen der Religion, das zu erklären, was vor der Geburt geschieht und nach dem Tod kommt, ist diese Art Mensch total skeptisch gegenüber allem, was uns einen Einblick in das geben könnte, was jenseits der normalen Welt liegt, die wir durch unsere Sinne wahrnehmen. Solche Menschen behaupten zum Beispiel, dass alle Orb-Abbildungen feuchte Partikel wären, Flecke auf der Linse, Staub oder Pollen von ungepflasterten Straßen oder von dem Gras, über das man gerade gelaufen ist, Farbkörper aus der Filmentwicklung, Defekte der Kamera, Flackern der optischen Linse oder *bokeh* (das japanische Wort für »Unschärfe«, bezogen auf verschwommene Bereiche auf einem Foto). Ein Großteil der veröffentlichten Literatur ist weder wohlwollend noch wissenschaftlich.

Eine Ausnahme ist die 2005 durchgeführte Studie von Gary E. Schwartz und Katherine Creath von der Universität von Arizona. [1] Auf der Grundlage einer kleinen Auswahl von Orb-Abbildungen gehen sie der Fragestellung nach, ob gestreute Reflexionen in unkontrollierten Umgebungen ähnliche Resultate hervorbringen könnten. Sie warnen in ihrer Untersuchung davor, das Orb-Phänomen in Digitalkameras zu schnell dem Bereich des Paranormalen zuzuordnen, und weisen darauf hin, dass es in dieser Phase der Erforschung weder logisch noch verantwortungsbewusst wäre, die Orbs als Reflexionserscheinungen abzutun. Hätten die Autoren Zugang zu besserem Datenmaterial gehabt – wie es in diesem Buch präsentiert wird –, anstatt sich auf eine begrenzte Anzahl von Bildern beschränken zu müssen, wäre ich gespannt auf ihre Schlussfolgerungen gewesen.

Es besteht kein Zweifel, dass Staubteilchen, Pollen und feuchte Tröpfchen in der Luft zu Bildern führen können, die in manchen Aspekten echten Orb-Abbildungen sehr ähneln, und dass man daher in der Beweisführung vorsichtig sein muss. Es ist genauso wahr, dass bestimmte Kameraeigenschaften in bestimmten Situationen falsche Orb-Bilder liefern. Aber man braucht nur wenig Erfahrung, um echte und unechte Abbildungen klar voneinander unterscheiden zu können. (In Kapitel 6, s. S. 111, erkläre ich Ihnen, wie Sie echte und unechte Orb-Bilder voneinander unterscheiden können.) Außerdem haben wir es nicht nur mit zehn oder 20 unscharfen Bildern zu tun, auf denen etwas Wundersames oder Übernatürliches festgehalten sein soll. Die kleine Auswahl meiner eigenen Bilder, die ich Ihnen in diesem Buch zeige, stammt aus einer Sammlung von Hunderttausenden solcher Bilder, die ich in den letzten fünf bis sechs Jahren gemacht habe, und ich kenne noch viele andere große Sammlungen. Ich habe dabei nicht die spektakulärsten Bilder ausgesucht, sondern vielmehr diejenigen, die der Forschung auf diesem Gebiet zu neuen Einsichten verhelfen können.

Das Orb-Phänomen wirft eine völlig neue Frage auf, und sie ist meiner Meinung nach das Interessanteste an der ganzen Sache. Gibt es noch andere Dimensionen außer unseren materiellen, und welche Auswirkungen hätte ihre Existenz auf unser eigenes Selbstverständnis? Erst vor 400 Jahren wurde Giordano Bruno in Rom durch die Inquisition auf dem Scheiterhaufen verbrannt, weil er die These aufgestellt hatte, dass es intelligentes Leben im Kosmos auch außerhalb der Erde geben könne. Im Hinblick auf die Bedrohung unverbesserlicher orthodoxer Auffassungen, seien sie nun religiöser oder weltlicher Natur, mag Giordano Brunos Vergehen im Vergleich mit der Orb-Hypothese wie ein Kavaliersdelikt erscheinen. Offensichtlich haben wir noch nicht klar erkannt, was Shakespeares berühmte Worte, eigentlich bedeuten: »Es gibt mehr Dinge im Himmel und auf Erden, als eure Schulweisheit sich träumt.« Wissenschaftliche Beweise für das Orb-Phänomen könnten mit zu den erstaunlichsten Erkenntnissen führen, die die Menschheit bislang zu verzeichnen hat – und zwar nicht nur im Hinblick auf das, was sie für sich genommen darstellen, sondern dass sie ein ganz neues Licht auf die Rolle und den Platz werfen, den die Menschheit im Kosmos innehat. Vielleicht hat es gravierende Auswirkungen auf zentrale religiöse Überzeugungen, zum Beispiel, wie wir uns das Jenseits vorstellen. Auf jeden Fall können wir viel über die Natur der Wirklichkeit jenseits dieser, unserer Welt erfahren und lernen, was wir über uns selbst und unser Dasein wissen sollten, um mit dem Leben in diesem neuen Erkenntnisrahmen besser harmonieren zu können.

1

Eine fotografische Entdeckungsreise

Das erste Mal las ich etwas über Orbs in JZ Knights Autobiografie *A State of Mind*, in der sie Ereignisse beschreibt, die in den späten Siebzigerjahren stattfanden.[2] Sie sprach von kleinen Kugeln verschiedenfarbigen Lichts, die immer dann auf den Seiten eines Buchs, das sie gerade las, verrückt spielten, wenn sie auf etwas von großer Bedeutung gestoßen war. Später hörte ich einen langen und detaillierten Diskurs über Orbs während einer Reihe von bemerkenswerten Lehrvorträgen, die Ramtha zwischen 2001 und 2002 hielt. Ramtha hatte Orbs zum ersten Mal vor mehr als 20 Jahren, also Anfang der Achtzigerjahre, erwähnt. Mehr als fünf Jahre lang waren sie bei Veranstaltungen in Ramthas Schule der Erleuchtung nichts Außergewöhnliches gewesen.[3]

Inspiriert durch Ramthas Informationsfülle, begann ich Orbs systematisch zu fotografieren. Zu jenem Zeitpunkt war ich mir über die wirkliche Natur der Orbs nicht sicher und wusste sie auch nicht in die normale Bandbreite des Paranormalen einzuordnen. Ich fing daher an, sie jede Nacht zur gleichen Zeit auf meinem Grundstück zu fotografieren, da »Gespenster« schon immer in der Nacht ihr Unwesen getrieben haben sollen (alle Fotos außer zwei Aufnahmen im ersten Teil dieses Buchs wurden auf meinem Grundstück gemacht).

Einige Freunde halfen mir nicht gerade, indem sie mir

erzählten, wie froh sie waren, dass es in der unmittelbaren Umgebung ihrer Häuser nicht diese Phänomene gab. Ich erwiderte, dass ich meine Aufnahmen wenigstens an einem relativ sicheren und wenig furchterregenden Platz machte, nämlich direkt vor meiner eigenen Haustür! Dennoch erkannte ich bald, dass ich auch mittags erfolgreich Orbs fotografieren konnte, da diese ihr Erscheinen offensichtlich nicht an bestimmte Tageszeiten knüpften. Wichtig war nur, dabei einen dunklen Hintergrund zu wählen. Am Ende des ersten Jahres hatte ich bereits eine Sammlung von fast 15 000 Orb-Bildern, und normalerweise machte ich in der zweiten Jahreshälfte zwischen 100 und 200 Aufnahmen pro Tag.

Der erste Durchbruch: Je mehr man fotografiert, umso mehr Orbs treten in Erscheinung

Orbs sind für den Fotografen ein faszinierendes Objekt, und meine Begeisterung stieg, als immer mehr Formen in Erscheinung traten, nachdem ich mich bereits monatelang intensiv mit ihnen beschäftigte. Ich war der Auffassung, dass ich – wie bei jedem anderen Untersuchungsgegenstand – mehr über sie in Erfahrung bringen würde, wenn ich sie kontinuierlich erforschte.

Der erste Durchbruch kam nur wenige Monate nachdem ich angefangen hatte, Orbs zu fotografieren. Auf den ersten zehn Bildern, die ich jede Nacht machte, waren noch nicht viele Orbs zu sehen, was mir sehr merkwürdig vorkam. Je mehr Fotos ich jedoch schoss, desto größer wurde die Anzahl von Orbs auf dem Bild.

Ich teilte meine Beobachtung mehreren Personen mit, die sich auch mit der Erforschung von Orbs beschäftigten. Einige meinten, dass Orbs sich zu uns hingezogen fühlten, weil wir an ihnen interessiert waren und ihnen unsere Aufmerksamkeit schenkten. Obgleich vieles für diese Erklärung sprach, war ich der Auffassung, dass es auch noch eine nüchterne Erklärung geben musste, die wir ebenfalls in Betracht ziehen sollten. Wenn ich mich mit der offensichtlichen und naheliegenden Erklärung, dass die Orbs unsere Aufmerksamkeit schätzten, zufriedengab, hätte ich leicht einen entscheidenden physikalischen Beweis übersehen können, der mir vielleicht den Weg zu einem tieferen Verständnis der Orbs wies und mich erkennen ließ, wie sie sich in das einfügen, was wir bereits wissen. Ramtha hatte uns erklärt, was es mit dem Phänomen auf sich hatte; durch meine Nachforschungen konnte ich mehr Details in Erfahrung bringen und sehen, welche Auswirkungen die Orbs auf unser Verständnis der Realität haben.

Die wirklich interessanten Orb-Fotos tauchten erst dann auf, wenn ich eine oder zwei Stunden am Tag fotografiert oder Bilder am Computer analysiert hatte. Wenn ich diese Vorgehensweise eine Reihe von Tagen aufrechterhielt, waren die Ergebnisse normalerweise sehr beeindruckend. Wenn ich mich nicht daran hielt, war meine Ausbeute fast null. Kurz gesagt, ich erkannte, dass das Fotografieren von Orbs keine zufriedenstellenden Ergebnisse bringt, wenn man in der Pause mal schnell nach draußen geht und ein paar Schnappschüsse macht. Weiter hinten im Buch beschreibe ich, welcher physikalische Vorgang für eine größere Anzahl von Orbs verantwortlich sein könnte.

Der zweite Durchbruch: sechseckige Orbs

Während ich mich intensiv auf die Erforschung von Orbs konzentrierte, machte ich eine interessante Entdeckung. Ich hatte gegen Ende Oktober 2002 über zehn Tage hinweg die gleiche Ansammlung von Orbs kontinuierlich an demselben Platz in der Nähe meines Hauses fotografiert. Eines Nachts hatten die Orbs auf mehreren Fotos nicht ihre gewohnte Kugelform, sondern waren auf markante Weise sechseckig. Dieses Phänomen trat nicht ständig auf, sondern im Durchschnitt nur bei jedem fünften Bild. Ausschließlich die Orbs hatten sich auf dem Bild verändert, alles andere behielt seine normale Form. (Siehe Abbildung I-1 und I-2 im Bildteil für zwei Beispiele sechseckiger Orbs.)

Zuerst hatte ich keine Erklärung für dieses Phänomen. Dann wurde mir klar, dass die sechseckige Form der Orbs mich an das Verschlussbatt erinnerte, das die Kameralinse öffnet und schließt. Es gibt Kameras, die als Verschluss nur ein »Blatt« haben, aber heutzutage ist es normal, dass ein Verschluss aus zwei bis sechs Blättern besteht. Ein sechsseitiger Verschluss erzeugt in der Linse eine sechseckige Form.

Je mehr Bestandteile oder Blätter der Verschluss hat, desto kreisähnlicher wird die Öffnung, und der Kreis ist natürlich die optimale Linsenform, um scharfe Bilder in guter Qualität zu liefern. In dieser Weise funktioniert der Verschluss wie die Iris im menschlichen Auge. Ich bezweifelte immer mehr, dass die Ähnlichkeit der sechseckigen Gestalt der Orbs auf den Fotos und der sechsblättrigen Form des Blendenverschlusses rein zufällig war. Außerdem stellte ich fest, dass Orbs immer wieder die gleiche Gestalt annahmen, und zwar unabhängig davon, ob die Kamera normal, hochkant oder auf dem Kopf stehend gehalten wurde.

Stellen Sie sich vor, dass im ersten Bild das untere Drittel vom Orb abgeschnitten ist. Wenn ich nun die Kamera auf den Kopf stellte und eine zweite Aufnahme machte, dann stellte sich heraus, dass nun das obere Drittel abgeschnitten wurde. Dies kann nur bedeuten, dass die Orb-Abbildungen die Form der Linse widerspiegeln. Ich fing an, mir Gedanken darüber zu machen, aus welchem Grund sich die Verschlussform auf die Gestalt der Orbs auf dem Foto auswirken konnte.

Wenn in der digitalen Fotografie die Kamera bei der Bildaufnahme bewegt wird, dann kann es – besonders wenn nicht viel Licht vorhanden ist – leicht zu einer Doppelbelichtung kommen. Stellen Sie sich beispielsweise vor, Sie machen ein Bild von jemandem, der vor einer kahlen Wand steht, und Sie bewegen dabei die Kamera zur gegenüberliegenden Wand, in der sich eine Tür befindet. Wenn der Verschluss offen bleibt, während Sie die Kamera um 180 Grad schwenken, kommt es zu einer Doppelbelichtung – das Bild mit der Person vor der kahlen Wand wird von dem Bild überlagert, das die Wand mit der Tür zeigt.

Wir haben nun zwei voneinander unabhängige, aber undeutliche Bilder. Weil auf kein Bild genügend Licht gefallen ist, um es scharf wiederzugeben, erscheint das einzelne Bild ein wenig geisterhaft. Wir alle haben geisterhaft oder transparent erscheinende Personen auf solchen Bildern schon einmal gesehen. Sie sind kein Beweis für etwas Paranormales, sondern Ausdruck einer technischen Unzulänglichkeit. Indem ich dies feststelle, will ich nicht sagen, dass es nicht auch echte Bilder mit transparenten Darstellungen gibt.

Der dritte Durchbruch: die Lichtquelle

Ich fragte mich, ob eine Art von Doppelbelichtung die Ursache dafür war, dass manche Orbs eine sechseckige Gestalt aufwiesen, und kam zu der Annahme, dass mehr als eine Lichtquelle vorhanden sein musste, damit die Kamera solche Bilder erzeugen konnte. Zuerst dachte ich, dass das Blitzlicht vielleicht zwei Lichtblitze ausstieß, so wie es viele Apparate heute tun, aber dies würde sich auf das gesamte Bild auswirken und nicht nur auf die Orbs.

Nachdem ich mich mehrere Wochen lang bemüht hatte, dieses eigenartige Phänomen zu verstehen, dämmerte mir plötzlich, dass die Sechsecke nur dann in Erscheinung treten konnten, wenn die zweite Lichtquelle von den Orbs selbst stammte. Diese zweite Lichtquelle hielt die Orb-Umrisse in der Kamera fest, während alles andere auf dem Bild – Bäume, Autos, Menschen und Häuser – von der anderen Lichtquelle aufgezeichnet wurde, nämlich dem Blitzlicht, das zurück in die Linse reflektiert wurde.

Aber was konnte die Ursache dafür sein, dass die Orbs selbst Licht ausstrahlten?

An diesem Punkt wurde mir klar, dass ich einem verwirrenden Umstand auf den Grund gehen musste: Das Blitzlicht schien die wesentliche Voraussetzung dafür zu sein, um erfolgreich Orbs fotografieren zu können, selbst im hellen Tageslicht.

Die Rolle des Blitzlichts

Das Blitzlicht einer Kamera beträgt ungefähr eine Tausendstelsekunde. Am Anfang meiner Beobachtungen hatte ich geglaubt, diese kurze Zeitspanne sei dafür verantwortlich, dass wir überhaupt Bilder von Orbs einfangen können. Ich nahm an, dass Orbs eine höhere Frequenz haben als wir und ihre Bewegungen zu schnell sind, um allein durch die Geschwindigkeit des Kameraverschlusses festgehalten werden zu können. Obgleich ich zu jenem Zeitpunkt schon Orbs im hellen Tageslicht fotografiert und sie auch ohne Kamera oder Blitzlicht gesehen hatte, erzielte ich die besten Ergebnisse immer mit Blitzlicht.

Ich gab meine Theorie, dass die Geschwindigkeit des Blitzlichts die Aufnahme von Orbs ermöglichte, schon bald wieder auf, weil sie keinen Sinn machte. Der Vorteil des Blitzes besteht darin, dass er ein Bild von einem sich schnell bewegenden Objekt »einfrieren« kann. Er hält ein Bild genau in der Millisekunde des Blitzes gestochen scharf fest, auch wenn die Geschwindigkeit des Kameraverschlusses (also die Zeit, die er während des Fotografierens geöffnet bleibt) selbst nicht hoch genug ist, um die Bewegung des Objekts »einzufrieren«.

Aber wenn sich das Objekt zu schnell für den Verschlussmechanismus bewegt und die Orbs nicht scharf eingefangen werden können, dann hält die Kamera immer noch ein Bild eines sich schnell bewegenden Objekts fest, wie verzerrt es auch immer sein mag. Es war daher offensichtlich, dass die Geschwindigkeit des Blitzlichts nicht für das Einfangen von Objekten mit sehr hoher Geschwindigkeit oder Frequenz, wie sie die Orbs darstellen, verantwortlich war. Selbst wenn kein Blitz benutzt wurde, sollten immer noch Bilder von ihnen möglich sein, auch wenn diese verzerrt waren. Aber genau dies war normalerweise nicht der Fall.

Wie bereits erwähnt, wurde mir schließlich bewusst, dass es eine direkte Verbindung zwischen den sechseckigen Formen, welche die kugelförmigen Orbs auf meinen Bildern angenommen hatten, und dem Muster eines sechsblättrigen Kameraverschlusses geben musste. Für mich hatte es den Anschein, als würden die Orb-Abbildungen auf dem CCD-Chip[4] der Kamera immer dann eine sechseckige Form haben, wenn der Verschluss nur teilweise offen war, während er ganz geöffnet sein musste, um ein einwandfreies Bild zu liefern. Der nur halb geöffnete Verschluss stutzte offensichtlich die ansonsten runde Form der Orbs.

Bald erkannte ich, dass das Licht der Orbs nicht in die Kamera gelangen konnte, wenn der Verschluss für den Bruchteil einer Sekunde voll geöffnet war. Aber wenn dies so war, so war es schwer zu verstehen, warum jetzt nur die Orbs eine sechseckige Form annahmen und alles andere auf dem Foto normal blieb. Ein weiteres Puzzlestück hatte ich zu finden, um dies zu klären.

Wenn die Orbs fototechnisch genauso entstanden wie die anderen Bildinhalte, dann hätten sie keine sechseckige Form. Die Art und Weise, wie ein Orb von der Kamera eingefangen wurde, musste sich davon unterscheiden, wie der Rest des Bildes festgehalten wurde. Normalerweise kommen Bilder zustande, wenn das Licht des Blitzlichts von den Objekten zur Kamera zurückgeworfen wird. Dies schien bei den Orbs nicht der Fall zu sein. Als einzige Erklärung leuchtete mir ein, dass die Orbs das Licht, das sie sichtbar werden ließ, aus sich selbst heraus erzeugten. Es musste irgendeinen Vorgang geben, der dies verursachte, und meine Theorie ging in die Richtung, dass das Licht des Blitzes dabei eine bestimmte Rolle spielte. Ich kam also zu dem Schluss, dass die einzige vorstellbare Erklärung der sechseckigen Formen (oder der Halbmond- oder Dreiecksformen) darin bestand, dass die Kamera nicht das Blitzlicht aufzeichnete, das von den Orbs reflektiert wurde, sondern vielmehr ein Licht, das von diesen Orbs selbst stammte. Diese Spur brachte mich auf einen neuen Erklärungsversuch zur Herkunft dieses Lichtes: Stichwort Ionisierung.

Ein Hinweis durch Ionisierung

Jeder, der Orbs fotografiert, weiß, dass sie häufiger auftreten, wenn es regnet oder sehr feucht ist. Ein Faktor, der dafür verantwortlich sein könnte, ist die Tatsache, dass die Elektronen der Atmosphäre durch Regen aufgeladen werden. An anderer Stelle in diesem Buch erkläre ich, dass es nicht schwer ist, Fotos von Regentropfen von echten Orb-Abbildungen zu unterscheiden. Dennoch sollte derjenige, der Orbs fotografiert, verstehen, welche Prozesse in Verbindung mit Regen ablaufen können, denn dies ist der Bereich der Orb-Fotografie, der am meisten umstritten ist.

Eine Ionisierung tritt dann auf, wenn Elektronen von einer Umlaufbahn um den Atomkern auf eine andere überspringen. Der Stickstoff und der Sauerstoff der Atmosphäre haben je zwei Atome, die dadurch zusammengehalten werden, dass sie sich ein Elektron in ihrer Umlaufbahn teilen. Dieses Elektron bleibt in seinem normalen Energiezustand,

wenn es nicht von einem Photon oder einem anderen Energiepartikel getroffen wird. Oberhalb des energetischen
Grundzustands gibt es viele leere Energieniveaus (oder Um-
laufbahnen). Wenn ein Photon oder ein Energiepartikel mit
ausreichend Kraft auf ein Elektron trifft, wird dieses Elektron
auf eine höhere Umlaufbahn um den Atomkern gezwungen oder sogar ganz aus dem zweiatomigen Stickstoff- oder
Sauerstoffmolekül herausgeschleudert. Das Elektron ist jetzt
frei von seinem angestammten Molekül, wodurch dieses
Molekül sich in ein positives Ion verwandelt. Wenn sich das
freie Elektron mit einem neutralen Molekül verbindet, wird
es zu einem negativen Ion. Verbindet sich das Elektron mit
einem positiven Ion, nimmt es normalerweise eine freie Umlaufbahn ein und gibt ein Photon ab, das die gleiche Energie
hat wie das vormals freie Elektron.

Die Energiefrequenz des Elektrons bestimmt die Frequenz und die Farbe des Photons, und daher ist es möglich,
dass die Moleküle der Atmosphäre in jeder Farbe des Lichtspektrums leuchten können! Die Energie der Lichtphotonen
wird in Elektrovolt gemessen. Eine Energie, die weniger als
1,65 Elektrovolt umfasst, gibt beispielsweise ein Photon mit
einer infraroten Strahlung ab. Wenn die Energie höher als
3,28 Elektrovolt ist, strahlt das Photon im ultravioletten Bereich.

Regen erzeugt freie Elektronen, die die Atome in der
Atmosphäre – und vielleicht auch die Atome in den Orbs
selbst – bombardieren und auf diese Weise ionisieren können. Wenn die Ionisierung in den Orbs selbst auftritt, entsteht in ihnen ein Prozess, der in der Physik als *Fluoreszenz*
bekannt ist (Fluoreszenz, die im zweiten Kapitel beschrieben wird, kommt dann zustande, wenn ein Molekül Licht

aufnimmt und es später auf einer niedrigeren Frequenz wieder abgibt). Photonen werden in den Orbs erzeugt und folglich auf dem CCD-Chip der Digitalkamera aufgezeichnet; in bestimmten Situationen sind sie sogar mit bloßem Auge erkennbar.

Was wir also auf den Orb-Fotos beobachten, sind vielleicht nicht die Orb-Wesenheiten als solche, sondern der ionisierende Effekt, den ihre Energie auf die umgebende Atmosphäre hat.

Welche Erklärung auch immer die richtige ist, es wäre sicherlich falsch zu behaupten, dass ein seriöser Forscher keine Fotos bei irgendeiner Form von Niederschlag machen sollte. Im Gegenteil, wenn darauf geachtet wird, dass die Effekte von Wassertropfen nicht mit Orbs verwechselt werden, ist jede Form von Niederschlag die beste Zeit, um seine Untersuchungen durchzuführen. Trotzdem muss ich darauf hinweisen, dass die meisten Fotos, die ich für dieses Buch ausgewählt habe, nicht bei Regen gemacht wurden.

Die Orb-Kommunikation

Ich hatte bereits angefangen daran zu zweifeln, ob die sechseckigen Formen rein zufällig auftraten. Wochen konnten vergehen, bis sechseckige Gestalten erneut sichtbar wurden; und selbst wenn sie in Erscheinung traten, zeigten sie sich nicht auf jedem Foto, was wahrscheinlich der Fall gewesen wäre, wenn es sich um eine Fehlfunktion der Kamera gehandelt hätte.

An diesem Punkt meiner Untersuchungen trat das Phänomen nur dann auf, wenn ich die speziellen Orbs fotografierte, die sich in meinem Garten hinter dem Haus befanden. Vorausgesetzt, dass diesen scheinbaren Fehlfunktionen der Kamera kein logisches Muster zugrunde lag, fing ich an mich zu fragen, ob es nicht möglich war, dass die sechseckigen Formen irgendwie von den Orbs selbst hervorgerufen wurden. Ich muss zugeben, dass ich an diese Möglichkeit zunächst nicht gedacht hatte. Wenn Orbs elektromagnetischer Natur sind, dann ist es völlig plausibel, dass sie ein solches elektromagnetisches Phänomen in den wenigen Millisekunden zwischen dem Blitzlicht und dem Verschluss auslösen können. In der Tat ist man versucht, ein elektromagnetisches Signal als die naheliegende Kommunikationsform zu postulieren – vorausgesetzt, die Orbs sind überhaupt an Kommunikation interessiert und auch dazu fähig.

Zuerst erschien mir diese Art von Erklärung ziemlich seltsam, und ich vermute, meine Leser werden ähnlich empfinden. Aber ich war entschlossen, meine Theorie zu überprüfen. Deshalb formulierte ich zunächst Fragen und machte dann ein Foto, um zu sehen, welche Form die Orbs als Antwort auf meine Frage annahmen. Ich bestimmte, dass die sechseckige Form ein »Ja« und die normale Kugelform, die wahrscheinlich leichter zu manifestieren war, ein »Nein« bedeuten sollte. Ich testete dies aus, indem ich Fragen mit offensichtlichen Antworten stellte, und von diesem Zeitpunkt an folgte eine lange Periode der Kommunikation. Es war nötig, ungefähr 30 Sekunden auf eine Antwort zu warten; wenn ich diese Zeitspanne nicht einhielt, gab es keine Veränderung in der äußeren Erscheinungsform der Orbs.

Über einen Zeitraum von mehreren Wochen stellte ich auf diese langsame und ermüdende Weise eine lange Liste von Fragen zusammen. Am Ende dieser Periode tauchten diese speziellen Orbs dann nicht mehr auf, und sie sind seitdem auch nicht wieder zurückgekehrt. Danach funktionierte die Kamera wieder ganz normal, und es erschienen keine sechseckigen Orbs mehr auf den Fotos.

Bevor wir uns nun anschauen, was es mit der Farbe der Orbs auf sich hat, möchte ich gerne die Erkenntnisse aus diesem Kapitel zusammenfassen. Ich fand schon früh heraus, dass ich leichter Orbs auf Fotos einfing, wenn ich sie über einen längeren Zeitraum hinweg fotografierte. Das Auftreten von sechseckigen Orbs gab mir den ersten Hinweis darauf, dass sich die Orbs nicht durch das Licht zu erkennen geben, das von einem Blitzlicht reflektiert wird, sondern durch das Licht, das von ihnen selbst stammt. Dieses fluoreszierende Licht erreicht die Kameralinse kurz nach dem reflektierten Licht des Blitzlichts. Dies bedeutet, dass sich Orbs am besten (selbst bei Tageslicht) mit Blitzlicht fotografieren lassen, denn der Blitz bewirkt die Fluoreszenz, durch die sie für die Kamera sichtbar werden. Eine Ionisierung der Atmosphäre ist ebenfalls eine große Hilfe, um gute Orb-Abbildungen zu erhalten, weil die freien Elektronen die Fluoreszenz verstärken. Das Licht, das von den Orbs selbst ausstrahlt, wird mit Verzögerung von der Kamera registriert, und dieser Effekt wurde zur Grundlage der Kommunikation, die ich dadurch herstellte, dass ich die sechseckige Form zur Ja-Antwort und die kugelförmige Gestalt zur Nein-Antwort erklärte.

2

Die Bedeutung der Orb-Färbung

Wenn man damit anfängt, Orbs zu fotografieren, ist man überrascht über die große Bandbreite der Farben, die sie ausstrahlen – normalerweise Schattierungen von rot, weiß, blau, grün, gold und rosa. Diese Farben sind nicht nur schön anzuschauen, sondern sie geben uns auch wichtige Hinweise auf die Natur der Orbs.

Wir wissen nur zu gut, dass die menschlichen Sinne wie Hören und Sehen nur über eine sehr begrenzte Bandbreite verfügen und von den Sinnesleistungen vieler Tiere in den Schatten gestellt werden. Aber so bescheiden unsere optische Wahrnehmung von Natur aus schon ist, wird sie zusätzlich noch vom elektromagnetischen Spektrum begrenzt. Wenn wir uns dies vor Augen führen, dann ist es schon skurril, wenn man bedenkt, wie schnell alles, was nicht in diese schmale Bandbreite passt, als unwirklich abgetan und mit einer Mischung aus Angst und Staunen betrachtet wird. Ein gutes Beispiel dafür ist die Art und Weise, wie wir über Geister und Gespenster denken.

Isaac Newton gab den Farben, die wir wahrnehmen, den lateinischen Namen *Spektrum*, was so viel bedeutet wie »ein Durchschimmern«, »eine Erscheinung« oder »ein Erscheinungsbild«. Jede elektromagnetische Strahlung hat eine charakteristische Frequenz (Wellenlänge) und eine bestimmte Stärke (Intensität). Das menschliche Auge kann elektromag-

netische Strahlung in einer Bandbreite von 380 bis 780 Nanometer wahrnehmen. Diese Bandbreite bestimmt das, was wir
als sichtbares Spektrum bezeichnen. Die Physik hat dafür
den Begriff »sichtbares Licht« geprägt – also die Bandbreite,
die die Farben des Regenbogens wiedergeben.

Die verrückte Welt der Quantenphysik

Offensichtlich fallen Orbs aus dieser Kategorie heraus, da
sie nur selten, wenn überhaupt, für das menschliche Auge
sichtbar sind. Um sie besser verstehen zu können, müssen
wir uns jedoch einige merkwürdige Tatsachen über den Bereich der Realität vor Augen führen, in dem wir leben. Mehrere Physik-Nobelpreisträger haben postuliert, dass die physische Welt in Wahrheit eine riesige Energiemasse darstellt,
in der nichts wirklich fest ist und zum größten Teil aus lee-
rem Raum besteht. Noch seltsamer ist, dass nichts durchge-
hend zu existieren scheint, sondern nur in einem endlosen
Stakkato für Sekundenbruchteile aufblitzt. Wir haben nur
deshalb den Eindruck, dass alles fest ist, weil wir in derselben Frequenz schwingen und in perfekter Übereinstimmung
mit unserer physischen Umgebung ins Dasein blitzen. Unsere Gedanken lassen die flüssigen Energieströme zu dem
gerinnen, was wir dann als Objekte wahrnehmen.
    Willkommen in der Welt der Quantenphysik.
    Die Realitätsebenen über der physischen Welt scheinen
für uns noch weniger fest zu sein, aber wahrscheinlich liegt
das nur daran, dass sie eine andere Schwingungsfrequenz
haben. Wir neigen dazu, diese Welt als die reale Welt zu betrachten und alle anderen Welten als bloße »Schwingungs-

ebenen« abzutun. Stattdessen sollten wir uns lieber fragen, ob jene Schwingungsebenen nicht auch reale Wirklichkeitsbereiche darstellen, die – wie es Ramtha lehrt – genauso substanziell sind wie der physische Bereich. Einem Wesen auf einer Schwingungsebene über unserem physischen Bereich könnte unsere auf beruhigende Weise feste Erde ziemlich geisterhaft und unwirklich vorkommen.

Die nächste Schwingungsebene zu unserer physischen Welt ist der Infrarotbereich, der eine Wellenlänge von ungefähr 1000 Nanometern und eine Elektronenfrequenz von ungefähr 1,24 hat. Diese Frequenz liegt außerhalb der Wellenlänge, die ein Mensch normalerweise sehen kann, aber in diesem Bereich treten die Orbs hauptsächlich in Erscheinung. Zum Vergleich: Der äußerste ultraviolette Bereich hat eine Wellenlänge von nur 200 Nanometern und eine sehr hohe Elektronenfrequenz von 6,20.

Sie fragen sich jetzt vielleicht, ob uns all das hilft, die Orbs besser zu verstehen. Ja, absolut! Diese Zusammenhänge öffnen uns die Tür zu den entscheidenden Hinweisen, die für uns greifbar sind, wenn wir wissen wollen, was die Orbs wirklich sind.

Wie wir Farben voneinander unterscheiden, hängt zum größten Teil von den persönlichen Vorlieben und den Bezeichnungen ab, die wir üblicherweise benutzen. Die tatsächliche Farbwahrnehmung ist natürlich ein großes Thema in der optischen Wissenschaft, das den Rahmen dieses Buchs sprengen würde. Dennoch möchte ich Ihnen ein paar einfache optische Gesetzmäßigkeiten vor Augen führen, die wir auf jeden Fall bedenken sollten.

Über Farben außerhalb des sichtbaren Spektrums

Die Farben, die eine Digitalkamera in den Orbs erfasst, sind zwar unzweifelhaft Farben des sichtbaren Spektrums, aber sie werden offensichtlich von der Kamera nicht im sichtbaren Bereich wahrgenommen. Wenn sie dort wahrgenommen würden, könnten wir sie alle jederzeit mit dem bloßen Auge erkennen. Was »sieht« also eine digitale Kamera tatsächlich? Wie nimmt sie Farben wahr, die für das menschliche Auge unsichtbar sind?

Die einfache und offensichtliche Antwort lautet natürlich, dass das infrarote Licht, das die digitale Kamera registriert, nicht auf dem kleinen Bildschirm der Kamera sichtbar wird und auch nicht auf Fotopapier gedruckt werden kann. Die Kamera ist so gebaut, dass sie unsichtbares infrarotes Licht in eine Form von Licht und Farbe umwandelt, die für uns Menschen sichtbar ist, oder die Verkäufe von digitalen Kameras würden rapide in den Keller gehen! Wir sehen also kein infrarotes Licht auf unseren Kamera-Bildschirmen, obwohl die Orbs infrarotes Licht ausstrahlen. Wir sehen infrarotes Licht, das in die angrenzende Frequenz umgewandelt wird, damit es für uns wahrnehmbar ist.

Aber das Ganze ist leider doch nicht so einfach, denn manchmal sehen wir Orbs auch mit dem bloßen Auge. Es ist unwahrscheinlich, dass unser Auge und unser Gehirn das unsichtbare Infrarotlicht so umwandeln, dass es zu einem Licht wird, das wir sehen können. Stattdessen ist eher anzunehmen, dass wir das sehen, was tatsächlich da ist, nämlich Farben, die außerhalb des sichtbaren Lichtspektrums liegen. Das Problem oder der Witz (wenn wir es lieber positiv sehen wollen) besteht darin, dass wir annehmen, dass diese Farben nur mit der Wellenlänge und Frequenz des sichtbaren Lichts existieren. Jetzt können wir jedoch die Möglichkeit in Betracht ziehen, dass sie *außerhalb* des sichtbaren Bereichs liegen.

Kann es daher sein, dass die Farbpalette des sichtbaren Lichtspektrums auch außerhalb dieses Spektrums in entsprechender Weise existiert, für uns aber nur in bestimmten Bewusstseinszuständen wahrnehmbar ist? Wenn dies stimmt, dann kann jede Schwingungsebene, die über der unsrigen liegt, möglicherweise die Farbpalette reproduzieren oder zurückwerfen, aus der das sichtbare Lichtspektrum besteht, aber in einer intensiveren harmonischen Form. Wenn dies stimmt, dann ist das, was die digitale Kamera im unteren Infrarotbereich registriert, nicht unsichtbares Licht, das von der Kamera zu unserem Sehvergnügen in sichtbares Licht umgewandelt wird, sondern vielleicht eine Art harmonischer Version – oder, wenn man so will, harmonischen Echos – im unsichtbaren Infrarotbereich der Farben, die wir vom sichtbaren Lichtspektrum her kennen.

Wir haben jetzt zumindest ein paar interessante Hypothesen für das »Jenseits«. Erstens, diese Frequenzbereiche über uns sind vielleicht Daseinsebenen, die für die Wesen, die dort wohnen, genauso fest sind, wie es unsere Welt für uns ist. Zweitens, Oberschwingungen des sichtbaren Lichtspektrums existieren vielleicht auch als Farben in diesen Bereichen. In einem späteren Kapitel werde ich die optimalen Bedingungen zum Fotografieren von Orbs im Zusammenhang mit diesen beiden Hypothesen noch genauer untersuchen.

Als ein Ergebnis jahrelanger Nachforschungen muss ich

an dieser Stelle ein drittes Postulat hinzufügen, das unsere Auffassung von der Realität ebenfalls radikal verändern könnte. Ich habe keine Zweifel, dass die Orbs, unabhängig von atmosphärischen Zuständen, Einfluss auf die Zeit und die Umstände nehmen, in denen sie nachgewiesen werden können. Oftmals enthält das erste Bild, das ich mache, überhaupt keine Orbs; dann, nur zehn Sekunden später, ist das Bild plötzlich voll von Orbs. Und das dritte Bild, wieder zehn Sekunden später aufgenommen, zeigt wiederum fast keine Orbs. Wenn mehrere Menschen mit der gleichen Kamera das gleiche Bild zur selben Zeit machen würden, dann fotografieren die einen viele Orbs und die anderen nur ein paar oder gar keine. Die überwältigenden Belege für dieses Naturphänomen zeigen zumindest, dass ein signifikantes Maß an Bewusstsein in fast allen Orb-Formen vorhanden sein muss. Es ist gleichermaßen offensichtlich, dass Orbs auch ein »Gruppenbewusstsein« haben können, wenn sie gemeinsam auftauchen, verschwinden oder sonst in perfekter Einheit manövrieren – ähnlich wie ein Vogelschwarm als »Einheit« am Abendhimmel vorbeizieht.

Die Orbs und unsere Farbwahrnehmung

Dies ist ein komplexes Thema in der Optik, aber für unsere Zwecke kann es auf einfache Weise zusammengefasst werden, da es wichtige Hinweise dafür liefert, was Orbs offenbar sind.

Allgemein gesagt, hat ein Objekt drei Möglichkeiten, um auf Licht zu reagieren:

- Es kann das Licht vollkommen absorbieren und nichts zurückwerfen – in diesem Fall erscheint das Objekt schwarz.
Dieser Effekt heißt *Absorption*.

- Wenn das Objekt alle Lichtwellen zurückwirft, erscheint
es weiß. Es handelt sich dann um *Reflexion*.

- Wenn das Objekt keine glatte, sondern eher eine raue
Oberfläche hat, dann streut es verschiedene Lichtwellen
auf seiner Oberfläche mit unterschiedlichem Erfolg. Der
Begriff dafür lautet *Streuung*, und sie ist eine Kombination
aus Absorption und Reflexion. Das menschliche Auge
nimmt das streuende Objekt in einer Farbe oder in einer
Farbkombination wahr, die mit den Lichtwellen korres-
pondiert, die das Objekt am besten reflektiert.[5]

Meine Untersuchungen haben für mich deutlich gemacht,
dass die volle Komplexität des Orb-Phänomens nicht durch
die drei Arten der Reaktion auf Licht erklärt werden kann,
die ich eben kurz dargestellt habe: Absorption, Reflexion
und Streuung. Die Menschen, Gebäude oder Landschaften,
die zusammen mit den Orbs auf dem Foto sind, lassen sich
auf diese Weise erklären, nicht aber die Orbs selbst. Was
macht das Besondere der Orbs aus?

Fluoreszenz:
der wichtigste Schlüssel zum Verständnis der Orbs

Erneut kommt mir mein Physikunterricht aus der Schulzeit
zu Hilfe. Ich erinnere mich daran, gelernt zu haben, dass
manche Objekte Lichtenergie absorbieren können, die aus
einer bestimmten Quelle stammt, und dann später sichtbares

Licht mit einer geringeren Schwingung abgeben, wenn die
ursprüngliche Lichtquelle nicht mehr aktiv ist. Dieser Vorgang, der als *Fluoreszenz* bekannt ist, liefert uns einen entscheidenden Hinweis auf die Natur der Orbs und auf die
Schwingungsebene, auf der sie sich befinden.

Technisch ausgedrückt, kommt es dann zur Fluoreszenz,
wenn die Elektronen eines Moleküls durch einen elektromagnetischen Impuls, zum Beispiel durch ein Photon, sti-
muliert werden. Wenn der elektromagnetische Impuls (Photonen bzw. Licht) aufhört, werden die Moleküle nicht länger
angeregt und kehren in ihren Ruhezustand zurück. Die Moleküle geben dann die Elektronen als Photonen ab, die nicht
länger zu ihrem Ruhezustand »passen«, wodurch ein Lichtstrahl entsteht.

Ein gutes Beispiel für Fluoreszenz ist eine normale Stra-
ßenlampe, die mit Natriumdampf leuchtet. Die elektrische
Stimulation, die die Lampe mit Energie versorgt, bewirkt,
dass das Natriumgas fluoresziert und jenes gelbliche Licht
ausstrahlt, das uns allen vertraut ist.

Lassen Sie uns nun die Fluoreszenz auf das Fotografieren
von Orbs anwenden.

Wenn beim Fotografieren von Orbs Lichtphotonen vom
Blitzlicht der Kamera auf ein Orb treffen, dann werden sie
von diesem absorbiert, wodurch die Photonen im Orb in
Elektronen umgewandelt werden. Umgangssprachlich aus-
gedrückt werden dadurch die ursprünglichen Elektronen des
Orbs auf eine höhere »Umlaufbahn geschossen«.

Wenn der Impuls des Blitzlichts vorbei ist, sinkt das Orb
auf seinen ursprünglichen Energiezustand zurück – so wie
ein Luftballon, aus dem die Luft herausgelassen wird – und
die überschüssigen Elektronen werden erneut als Photonen

ausgestoßen, aber diesmal mit einer größeren Wellenlänge (das heißt, einer Wellenlänge mit einer höheren Nanometerzahl). Diese ausgestoßenen Elektronen, die in Photonen bzw. Licht umgewandelt sind, werden von der Digitalkamera aufgefangen und als Orb aufgezeichnet, wenn die Wellenlänge nicht größer als der untere Infrarotbereich ist (also annähernd 1000 Nanometer).

Wenn nun das Licht des fluoreszierenden Orbs auf den CCD-Chip der Kamera trifft – und zwar einige Millisekunden, nachdem das Blitzlicht die Platine erreicht hat –, dann ist der Verschluss schon wieder dabei, sich zu schließen. Dies bedeutet, dass das Licht von den Orbs durch den Verschluss abgeschnitten wird, wodurch die Orbs die Form der Verschlussblätter annehmen. Das Licht, das die anderen Objekte auf dem Foto aufzeichnet, wird davon nicht beeinflusst, da dieses Licht schon von der Kamera festgehalten wurde, als der Verschluss noch ganz geöffnet war. Nur die Erscheinung der Orbs wird davon beeinflusst und sonst nichts.

Es handelt sich bei diesem Vorgang nicht um eine fehlerhafte Funktion der Kamera, etwa einen Mangel an Synchronisation zwischen Verschlusszeit und Blitzlicht. Das Phänomen kommt einzig und allein durch die Verzögerung zustande, mit der das Licht aus der zweiten Lichtquelle die Kameralinse erreicht. Das reflektierte Licht des Blitzes kehrt zur Kamera zurück, während der Prozess der Fluoreszenz in den Orbs noch nicht abgeschlossen ist. Das fluoreszierende Licht erreicht die Linse erst ein paar Millisekunden später. Wie wir sehen können, kann die Fluoreszenz manchmal genügend verzögert sein, sodass der Verschluss schließt, bevor das fluoreszierende Licht die Kamera erreichen kann. Dies hängt von der Verschlussgeschwindigkeit ab. In solch einem Fall werden überhaupt keine Orbs aufgenommen, selbst wenn sie in großer Anzahl vorhanden sind. Dies ist, neben dem Problem der »Hitzespiegel« (das ich in Kapitel 5 erklären werde) möglicherweise der Grund dafür, dass sich ansonsten hervorragende Kameras nicht für das Fotografieren von Orbs eignen.

Diese Überlegungen erklären vielleicht auch, warum Orbs mit einer höheren Frequenz von einer Kamera eingefangen werden können, die nicht in der Lage ist, Licht unterhalb des Infrarotbereichs aufzuzeichnen. Das Licht, das während der Fluoreszenz abgegeben wird, besitzt eine größere Wellenlänge. Dennoch sind die anderen Auswirkungen dieser Tatsache natürlich von größerer Bedeutung.

Nachdem die Wissenschaftler mehr über die Natur des Atoms herausgefunden hatten, wurden die physikalischen Vorgänge bei der Fluoreszenz normalerweise auf handfeste physische Realitäten angewendet, wie zum Beispiel Mineralien. Aber bei Mineralien entsteht Fluoreszenz nur langsam, wahrscheinlich aufgrund der Dichte des Materials. Wenn Fluoreszenz ein entscheidender Faktor in der Orb-Fotografie ist, dann muss sie beinah augenblicklich stattfinden oder ein Orb könnte von der Kamera nicht in dem Sekundenbruchteil eingefangen werden, in dem der Verschluss geöffnet ist. Wahrscheinlich geschieht dies aufgrund der viel geringeren Dichte der Orbs.

Auf jeden Fall scheint es so zu sein, dass Orbs das Licht nicht absorbieren, reflektieren oder streuen – was sonst Objekte tun, wenn Licht auf sie fällt. Stattdessen sieht es so aus, als ob die Photonen des Blitzlichts die Orbs dazu stimulieren, sie aufzunehmen, in Elektronen umzuwandeln und dann wieder mit einer niedrigeren Frequenz abzugeben, wenn der Lichtimpuls durch den Blitz vorüber ist. Danach kehren die

Orbs in ihren ursprünglichen Zustand zurück. Die niedrigere Frequenz, mit der die Photonen abgegeben werden, ist genau die Frequenz, durch die sich beim Orb der »angeregte« von dem »ruhenden« Zustand unterscheidet.

Wenn man zum Beispiel ein Nachtbild macht, auf dem Orbs zu sehen sind, dann wird der überwiegende Großteil des Bilds – Gebäude, Vegetation, Menschen, Haustiere usw. – von der Kamera registriert, indem das Blitzlicht von den Objekten in die Kameralinse reflektiert wird. Im Gegensatz dazu bin ich der Ansicht, dass die Orbs von der Kamera nicht durch Reflexion, sondern durch Fluoreszenz wahrgenommen werden.

Dies bedeutet, dass die Kamera, und in Ausnahmefällen auch das bloße Auge, Photonenemissionen mit geringer Frequenz aufzeichnet, die knapp außerhalb des sichtbaren Spektrums liegen. Wenn es die Orbs schaffen, einen bedeutsamen Überschuss an Elektronen mit Hilfe der verschiedenen Mechanismen aufzunehmen, die in diesem Buch beschrieben werden, dann kann die Entladung dieser Elektronen manchmal ausreichend sein, um ein sichtbares Licht zu erzeugen, sodass sie auch ohne technische Hilfsmittel gesehen werden können. Dies könnte auch erklären, warum mehr Orbs auf den Bildern erscheinen, wenn schon genügend Fotos gemacht wurden.

Weitere Einsichten durch Fluoreszenz

Wenn Orbs tatsächlich durch Fluoreszenz sichtbar werden, dann ist das eine Entdeckung, die weitere Rückschlüsse zulässt. Die Eigenschaften des Lichts, das von ihnen ausgestrahlt wird, geben uns Einblick in die Realitätsebene, auf der sie sich aufhalten, und dadurch können wir sie nicht länger für Gespenster oder die Seelen Verstorbener halten.

Wenn Orbs fluoreszieren, dann sind sie in gewisser Hinsicht physisch, wenn auch offensichtlich jenseits der physikalischen Ebene, an die wir angepasst sind. Dies bedeutet nicht, dass sie keine »geistigen« Wesen sind; es bedeutet lediglich, dass wir dringend neu definieren müssen, was wir unter der »geistigen« Welt verstehen.

Die oben gestellte Frage bleibt aber weiterhin bestehen: Was hat die Tatsache zu bedeuten, dass die Kamera Farben wahrnimmt, die eine Frequenz haben, die außerhalb des sichtbaren Lichtspektrums liegen? Beim gegenwärtigen Stand der Untersuchungen – wo wir das Phänomen der Fluoreszenz als wahrscheinliche Ursache dafür erkannt haben, dass Orbs sichtbar werden – scheint die einzige Antwort die zu sein, dass Orbs möglicherweise ein Licht »fluoreszieren«, das aus ihnen selbst stammt. Dieses Licht zeigt, wenn auch sehr schwach und gedämpft, die Frequenzen, zu denen sie als Objekte gehören. Indem wir die Wellenlänge der Farben analysieren, die fluoreszieren, können wir mehr über das fluoreszierende Objekt selbst erfahren. Wenn ein Orb Infrarotlicht reflektiert, dann muss er mit Sicherheit zum infraroten Bereich oder zu dem Bereich gehören, der ein wenig darüber liegt. Wenn dies der Fall ist, würde er auf die Existenz von Ebenen des physikalischen Universums hinweisen, die wir gegenwärtig nur als Frequenzmuster anerkennen.

Für mich war dies eine aufregende Entdeckung, denn durch sie schien der physikalische Beweis der Lehren Ramthas über die Natur der Realität möglich.[6] Ramtha hatte erklärt, die Dinge würden dadurch entstehen, dass die ursprüngliche

Leere über sich selbst kontemplativ nachsinnt.[7] Daraus entstand das, was Ramtha den *Point Zero* (Nullpunkt)[8] nannte. Wenn der Nullpunkt sich nun selbst kontempliert, erzeugt er eine weitere Realität: Zeit, Entfernung und Raum.[9] Auf diese Weise entsteht auch die siebte Realitätsebene, auf der die Zeit sehr schnell verläuft. Nun muss der Nullpunkt diese Mitteilung (des Spiegelbewusstseins) bekommen, um das Gleiche tun zu können. Dadurch wird die Zeit zwischen dem Nullpunkt und seinem Spiegelbewusstsein auf der siebten Ebene gebrochen, und die nächste Kontemplation geschieht auf einer Realitätsebene, die eine niedrigere Frequenz hat und wo die Zeit langsamer verläuft. Dies ist die sechste Ebene der Realität.[10] Auf diese Weise haben wir nun »eine Leiter gebaut«.[11] Dieser Prozess geht weiter, bis die fünfte, vierte, dritte, zweite und erste Ebene der Realität geschaffen ist, und auf jeder nimmt die Schwingung ab. Die letzte Ebene ist die unterste und langsamste aller Ebenen; es ist die physische, auf der wir existieren.

Vergleich von Farbe, Wellenlänge, elektronischer Spannung und Schwingungsfrequenz

Die folgende Tabelle zeigt, welche Farbe mit welcher Wellenlänge, welcher elektronischen Spannung und welcher Frequenz verbunden ist. Sie wird Ihnen dabei helfen, die Natur und die Bedeutung verschiedenfarbiger Orbs zu verstehen, die wir mit unserer Kamera einfangen.

Die Energie von Lichtphotonen wird in Elektrovolt gemessen; eine Energie von weniger als 1,65 Elektronenvolt sendet Photonen im Infrarotbereich aus. Eine Energie mit mehr als 3,26 Elektronenvolt strahlt im ultravioletten Bereich des Lichtspektrums; diese Wellenlänge ist zu kurz, um mit dem menschlichen Auge gesehen zu werden. Der ultraviolette Bereich liegt auch außerhalb der Reichweite herkömmlicher Digitalkameras.

Farbe	Wellenlänge	Elektronische Spannung	Frequenz
UV-Licht	200 bis 300 nm	3,33 bis 5,00	6,20 bis 4,15
Sichtbares Licht	420 bis 700 nm	2,95 bis 1,77	6,38 bis 4,28
Violett			
Blau			
Grün			
Gelb			
Rot			
Infrarotes Licht	1000 nm	1,24	3,00

Normalerweise sind wir von einem technischen Gerät wie der Digitalkamera abhängig, um etwas wahrzunehmen, dessen Wellenlänge höher als 780 Nanometer ist (also niedriger als 1,65 Elektrovolt oder mit einer niedrigeren Frequenz als 3,00 Terahertz). Die Existenz der Lichtfrequenzen, die die Orbs fluoreszieren, scheint auf einen Bereich hinzudeuten, der mit den elektrischen Spannungen, Frequenzen und Wellenlängen übereinstimmt, die Ramtha beschreibt. Kurz gesagt, die Farben, die mit Hilfe des Infrarotbereichs zur Kamera übertragen werden, deuten auf Existenzbereiche hin, die sich vielleicht durch immer kürzere Wellenlängen voneinander unterscheiden (während die entsprechende Schwingungsfrequenz jeweils ansteigt). Die jeweilige Farbe, die ein bestimmter Orb auf digitalen Fotos aufweist, könnte sehr gut ein Beweis für die Existenz von Schwingungsebenen sein, der ein spezieller Orb angehört. Diese Ebenen werden von uns als Frequenzen gesehen, obwohl sie in dieser Hypothese nicht nur Frequenzen sind, sondern tatsächliche Existenzbereiche darstellen, so wie unsere Daseinsebene auch nur als eine bestimmte Frequenz von denen wahrgenommen wird, die »oberhalb von uns« existieren.

Was sind die Auswirkungen dieser Entdeckung?

Wenn die Farben der Orbs einen Hinweis auf ihre Existenzebenen geben, dann sind die Existenzebenen, die wir bislang das Jenseits genannt haben, nicht weniger wundervoll, als wir gedacht haben (und tatsächlich viel wunderbarer, als wir bisher annahmen), aber weniger geheimnisvoll und mysteriös. Wenn sie die Existenzbereiche sind, wo jene Wesen leben, die wir als »Geister« bezeichnen, dann unterscheiden sie sich sehr von den Vorstellungen derjenigen, die sich in der Vergangenheit mit diesen Dingen beschäftigt und unser Bild geprägt haben, insbesondere den Vertretern religiöser Traditionen.

Vielleicht verstehen wir nun, dass das, was mysteriös und geheimnisvoll ist, nicht gleich absurd sein und den Verstand total verwirren muss (denn normalerweise wird alles Mysteriöse und Geheimnisvolle genau so interpretiert), sondern einfach nur etwas ist, was der Verstand nur teilweise begreifen kann, zumindest in der gegenwärtigen Situation.

Die Vorstellung, dass die Welt nicht so stabil ist, wie wir es annehmen, sondern dass die Realität einfach ein endloses Entstehen und Vergehen ist, war der griechischen Philosophie wohl bekannt und kommt besonders in den Schriften Heraklits zum Ausdruck, der nach Plato und Aristoteles der bedeutendste Philosoph der griechischen Antike war. In den späteren Entwicklungen der griechischen Philosophie, die das Denken in Westeuropa stark beeinflusst hat, wurde diese Vorstellung jedoch weitgehend ignoriert.

Für den Wissenschaftler David Bohm[12] (1917–94) waren die materielle Welt und die Erfahrung von Bewusstsein einfach nur zwei Aspekte eines fundamentaleren Vorgangs, den er »die implizite Ordnung« nannte. Bohm war der Ansicht, dass weder die Relativitätstheorie noch die Quantentheorie, wenn man sie wirklich ernst nimmt, mit dem übereinstimmt, was wir uns gegenwärtig unter der Realität vorstellen.

Es fällt uns nicht leicht, den größeren Blickwinkel einzunehmen, den diese beiden Gedankengebäude erfordern, mit deren Hilfe geklärt werden könnte, was Orbs sind und woher sie kommen – nicht zuletzt deshalb, weil herkömmliche Bezeichnungen wie die Toten- oder Geisterwelt völlig unzutreffend sind.

Jeder von uns hat unbewusste Vorurteile und Begrenzungen, die durch weltliche und religiöse Einflüsse bewirkt wurden, und diese können verhindern, dass wir das Orb-Phänomen objektiv und ausgewogen betrachten und verstehen. Diejenigen, die einen religiösen Hintergrund haben, werden die Orb-Wesenheiten instinktiv als reine Seelenwesen oder als Seelen von Verstorbenen oder als Gespenster und Dämonen betrachten und an dieses Thema mit den abergläubischen Vorstellungen herangehen, die in diesen Traditionen hervorgebracht wurden. Und sie werden wiederum überlagert von der beschränkten und bizarren Sichtweise, mit der heutzutage die säkulare westliche Welt jede

Dimension betrachtet, die jenseits der materiellen liegen könnte – nämlich als Halloween-Gespenster, Vampire, Leichenfledderer, schleimige Kreaturen oder furchterregende Außerirdische. Dieser von Vorurteilen, Aberglauben, Angst und – schlimmstenfalls – Fanatismus geprägte Blickwinkel, von dem aus diese Phänomene normalerweise betrachtet werden, haben zu vielen merkwürdigen und schlecht definierten Beschreibungen geführt, die zum Beispiel das Übernatürliche, das Paranormale oder das Okkulte genannt werden. All diese Bezeichnungen sagen mehr über unsere Ängste und unseren Aberglauben aus als über die wahre Natur dieser anderen Wirklichkeiten. An dem Orb-Phänomen ist genauso viel okkult wie wir selbst okkult sind.

Wenn diejenigen, die ihren Körper durch einen physischen Tod verloren haben, sich in Bereichen aufhalten, auf die die Fluoreszenz der Orbs hinweist, dann ist das Leben nach dem Tod in der Tat etwas völlig anderes, als es sich die Menschen traditionell vorgestellt und in den Religionen gelehrt haben.

Wenn die Farben, die die fluoreszierenden Orbs aufweisen, uns einen Hinweis darauf geben, auf welcher Schwingungsebene sie sich befinden, dann scheint es sehr wahrscheinlich zu sein, dass die meisten Orbs, die wir fotografieren, niemals physisch auf dieser Erde inkarniert waren und auch nicht sonst irgendwo in dieser materiellen Dimension. Meiner Erfahrung nach befinden sich die meisten Orbs von toten Wesen im infraroten Bereich oder im Bereich des sichtbaren Lichts und nicht im Bereich von Ultraviolett-, Gamma- oder Röntgenstrahlung. Orbs mit höher schwingenden Farben (besonders golden, rosa und silbern) sind aller Wahrscheinlichkeit nach Wesen, die sich niemals

materiell in dieser physischen Ebene verkörpert haben. Es
scheint also, als hätte die Erforschung von Orbs nur wenig
mit Geistern zu tun, dafür aber umso mehr damit, mehr über
die Natur der komplexen Realitäten in Erfahrung zu bringen, die an unseren eigenen Erfahrungsbereich angrenzen.
Diese außerhalb liegenden Wirklichkeitsebenen haben einen entscheidenden Einfluss darauf, wie wir uns selbst und
unseren Platz im Kosmos sehen.

3

Die große Vielfalt
an unterschiedlichen Orbs

Bevor wir uns die große Vielfalt unterschiedlicher Orbs näher anschauen, möchte ich gerne zusammenfassen, was mich zu meiner vorläufigen Schlussfolgerung über die Beschaffenheit der Orbs und anderer mit ihnen zusammenhängender Phänomene geführt hat.

Wenn Orbs durch Fluoreszenz aus sich selbst heraus Licht produzieren, das wenigstens teilweise dem infraroten Spektrum angehört, dann kann das auf zwei Dinge hindeuten:

1. Orbs bestehen nicht aus einer ätherischen Substanz wie Ektoplasma, die ein wesentlicher Bestandteil spiritualistischer Séancen ist, die im 19. und frühen 20. Jahrhundert populär waren.[13] Wenn eine Fluoreszenz, die dadurch unterstützt wird, dass freie Elektronen mittels Ionisierung angezogen werden, es den Orbs ermöglicht, auf Fotos sichtbar zu werden, dann müssen diese Orbs *elektromagnetischer* Natur sein, denn sie stellen sehr wahrscheinlich eine bestimmte Art von Energiefeld dar.

2. Wenn sie eine Strahlung abgeben, die zumindest teilweise infrarot ist, dann müssen sie zu einem Bereich gehören, der zumindest die Frequenz bzw. Wellenlänge von Infrarot oder dem angrenzenden Spektralbereich

hat. Dies deutet darauf hin, dass Orbs einer Dimension angehören, die auf einer Schwingungsebene oberhalb unseres materiellen Bereichs liegt. Normalerweise werden sie sich nur dann in unserer Dimension zeigen, wenn sie dazu angeregt werden, eine Strahlung abzugeben, die von einem Fotoapparat aufgefangen werden kann, der für Infrarot empfänglich ist.

Die Tatsache, dass ein Orb nur dann fotografiert werden kann, wenn seine Lichtstrahlung niedriger als das untere Ende des Infrarotspektrums ist, erklärt, warum ein noch viel größerer Abfall seiner Frequenz notwendig wäre, damit er auch auf einem normalen Film festgehalten werden kann, und warum wesentlich weniger Orbs auf einem Negativfilm als auf einem digitalen CCD-Chip aufgezeichnet werden. Wenn es Orbs in einer Schwingungsebene oberhalb des Infraroten geben sollte, können sie nur dann von einer normalen Digitalkamera eingefangen werden, wenn ihre Frequenz auf den unteren Infrarotbereich abgesenkt wird. Dieses Absenken würde wahrscheinlich die Intensität ihrer Farben abschwächen, aber vermutlich würden sie trotzdem noch die Farben beibehalten, die ihre ursprüngliche Frequenz zu erkennen geben.

Mit diesen Schlussfolgerungen im Hinterkopf wollen wir uns nun die verschiedenen Orb-Typen anschauen, die ich beobachtet habe. Ich werde versuchen, die Orbs zu klassifizieren und von jeder Ordnung ein Beispiel zu geben, sodass Sie die Orbs selbst besser erkennen und identifizieren können.

Die Einordnung der Orbs

Thomas More, englischer Justizminister unter Heinrich VIII., bemerkte einst über ein Problem, das ihn beschäftigte: »Es ist, als würde man die Milch von einem Ziegenbock in ein Sieb melken.« Das Gleiche lässt sich sagen, wenn man versucht, sich einen Überblick über die verschiedenen Typen und Formen von Orbs zu verschaffen und sie zu kategorisieren. Mit jeder Woche, die vergeht, tauchen neue Phänomene und Varianten auf. Die Orbs, die mit Wirklichkeitsebenen jenseits unserer Realität verknüpft sind, scheinen verschiedene Funktionen zu erfüllen und verschiedene Energiepegel zu haben, was vermutlich der Grund für ihre unterschiedliche Farbigkeit ist. Neben Unterschieden in Farbe und Größe gibt es auch viele verschiedene Gestalten. Die Orbs, mit denen ich zu tun hatte, unterscheiden sich wie folgt:

Braune, rote, weiße, blaue und rosafarbene Orbs

Die Abbildungen I-3 bis I-16A zeigen Beispiele von Orbs mit dieser Farbpalette. Orbs, die mit dem Infrarotbereich (dem Bereich unmittelbar über dem physischen) verknüpft sind, haben eine rötlich braune Tönung. Orbs aus wahrscheinlich anderen Ebenen weisen Schattierungen von weiß, ultraviolett, blau, golden und rosa auf. Lichtdurchlässige oder fast ganz durchsichtige Orbs sind vielleicht gerade dabei, aus dem Bereich zu verschwinden, in dem sie überhaupt nachweisbar sind. Orbs mit hoher Frequenz, die sich vielleicht sogar dem Quantenfeld (sechste Ebene) als solchem annähern, werden von der Größe her zwar viel kleiner erscheinen, sie besitzen aber eine höhere Frequenz und haben demnach auch eine größere Energie und Kraft.

Plasmoide Felder in verschiedenen Farben

Gelegentlich scheinen sich Orbs aus ihrer Kugelform als plasmaartige Wolken zu manifestieren (Abbildungen I-17 bis I-26). Plasma wird oft als »der vierte Zustand der Materie« bezeichnet – nach dem festen, flüssigen und gasförmigen Zustand. Es kann sein, dass diese Orb-Form einen plasmaartigen Zustand darstellt, und daher nenne ich sie Plasmafelder oder Plasmoide. Plasma besteht aus einer Ansammlung frei beweglicher Elektronen und Ionen (Atome, die ihre Elektronen verloren haben). Energie ist notwendig, damit ein Plasma entstehen und aufrechterhalten werden kann, und diese Energie kann aus Wärme, Elektrizität oder intensivem Laserlicht bestehen. Die Plasmafelder nehmen häufig vertraute Formen an, manchmal unleugbar die eines menschlichen Gesichts. Es scheint schwierig zu sein, diese Form zu erzeugen und länger aufrechtzuerhalten, was durch den hohen Energiebedarf erklärt werden könnte. Auf meine Bitte hin, eine bestimmte Form anzunehmen, haben die Orbs gelegentlich positiv reagiert. Die plasmoiden Wolken haben normalerweise die gleiche Farbe und Frequenz wie die Orbs, aus denen sie hervorgehen.

Abbildungen I-25 und I-26 zeigen Plasmoide, die sich innerhalb von zehn Sekunden aus einem Orb formen, denn dies war die Zeit, die ich im Durchschnitt brauchte, um zwei getrennte Aufnahmen zu machen. Diese Umwandlung festzuhalten, gelingt nur sehr selten.

Schleier

Gelegentlich erscheinen Objekte, die an elegante Gardinen erinnern, in attraktiven Formationen. Siehe Abbildung I-27. Ich weiß nicht, wodurch sie entstehen, aber es ist kein Defekt der Kamera oder ein technischer Fehler von Seiten des Fotografierenden auszumachen.

Energiekugeln

Betrachten Sie Abbildung I-28. Diese Energiekugeln sind viel größer als ein durchschnittlicher Orb, und sie haben nicht die typisch verbeulte Kreisform. Der Rand der Kugel ist flauschig und nicht klar abgegrenzt. Man muss aufpassen, dass man sie nicht mit den Verzerrungen verwechselt, die durch Wassertröpfchen auf der Kameralinse verursacht werden.

Rote Giganten

Rote Giganten haben manchmal zwei intensive rote Lichtpunkte an ihrer Peripherie. Als ich eine große Anzahl von Fotos näher untersuchte, war dieser Orb-Typ in manchen Nächten die eindeutig vorherrschende Form. Es ist schwierig, die Größe eines Orbs zu bestimmen, denn ein kleiner Orb in Kameranähe erscheint größer als ein großer Orb, der weiter weg ist. In Abbildung I-29 steht ein Auto unter einer Baumreihe, und die Orbs haben annähernd die gleiche Breite wie der Wagen.

Rote Giganten sind generell viel größer als normale Orbs. Ihr durchschnittlicher Durchmesser beträgt 150 bis 180 Zentimeter. Ich habe bei einer Gelegenheit aber auch einen Durchmesser von 300 Zentimeter gemessen, wie in Abbildung I-30 zu sehen ist.

Eine Grunderkenntnis der Quantenphysik besteht darin, dass die Beobachtung eines Quantenfelds dazu führt, dass sich dieses Feld entsprechend der Beobachtung ausrichtet. Das beobachtete Feld muss dann auf eine Frequenz unterhalb des Quantenfelds absinken, bevor es die materielle Dichte annimmt.

Wenn ein Orb nicht die typischen Kreise in der äußeren Peripherie aufwies, fragte ich mich, ob es sich um Gedankenformen des Beobachters handeln könnte, die aus dem Quantenfeld abgesunken sind, um sich auf der physikalischen Ebene in physischer Form zu manifestieren. Dies würde mit den grundlegenden Erkenntnissen der Quantenphysik übereinstimmen. Da solche Realitäten wahrscheinlich auf einer bestimmten Stufe nachweisbar sein müssen, bevor sie auf der physischen Ebene in Erscheinung treten, lohnt es sich zumindest, darüber nachzudenken, was diese Orb-Form darstellen könnte und ob sie in jene Kategorie passt. Die fast infrarote Schwingung dieser Objekte wäre jedenfalls typisch für ein Objekt, das sich kurz vor der physischen Manifestation befindet. Wie bereits erwähnt sind die dunkelroten Orbs, die ich in dieser Kategorie fotografiert habe, extrem groß, was darauf hindeuten mag, dass sie in einem Stadium sind, das der sichtbaren physischen Manifestation unmittelbar vorausgeht.

Raketen-Orbs

Die Abbildung I-31 zeigt ein Gebilde, das ich »Raketen-Orb« nenne. Dieser Typ kommt sehr selten vor; in all den Jahren, in denen ich jetzt schon Orbs fotografiere, bin ich ihm nur zweimal begegnet. Beim ersten Mal war es das letzte Foto, das jene Kamera überhaupt gemacht hat, aber ich bin

mir nicht sicher, ob das zu dieser intensiven Orb-Form bei-
getragen hat oder nicht.

Skelette

Die Abbildungen I-32 bis I-35 sind Beispiele für Skelette.
Hierbei handelt es sich um Orbs, die Löcher haben oder
in denen ganze Segmente fehlen. Viele Erklärungsversuche
wurden deswegen unternommen: Eine Hellseherin meint,
dass es zwischen den Orbs einen Krieg gegeben hätte und
dass die Löcher und »fehlenden« Segmente aus dem Schaden resultierten, den sie sich in diesen Konflikten zugezo-
gen haben! Ich denke, diese Theorie kann man getrost zu
den Akten legen. Selbst wenn ein solcher Konflikt stattgefunden haben sollte, wäre es wahrscheinlicher, dass der
»Schaden« für die Energiekörper darin bestehen würde, dass
ihre Frequenz niedriger geworden ist oder Farbe und Strah-
lungsintensität sich verringert haben, anstatt von physischen
Löchern und leeren Stellen in ihrer Struktur zu sprechen.
Dieser Typ von offensichtlich beschädigten oder unvoll-
ständigen Orbs könnte dadurch entstehen, dass das Orb
sich noch nicht vollends in dem Schwingungsbereich manifestiert hat, den die Kamera einfangen kann. Oder es verschwindet aus diesem Bereich, sodass die leeren Stellen in
den Orbs nur durch unsere Wahrnehmung zustande kommen und nicht in ihnen selbst vorhanden sind.

Wirbel und Torsionsfelder und ihre Entstehung

Bei vielen Gelegenheiten ist mir aufgefallen, wie merkwürdige Formationen Gestalt anzunehmen begannen, wo die
Grundstruktur des Orbs um eine Art Trichter zu rotieren
schien, in den es immer mehr gezogen wurde. Bei diesem

Vorgang verloren sie vollständig ihre runde Gestalt und sahen beinah wie ein Stück weißer Stoff aus (Abbildungen I-36 und I-37).

Dieser Prozess beschleunigte sich schrittweise, bis sich ein klar erkennbarer Wirbel gebildet hatte (Abbildungen I-38 bis I-41). Von dort aus, wo ich stand, hatte der Wirbel einen Durchmesser von über drei Metern. Mir ist nicht bekannt, ob andere Fotografen ebenfalls solche Orb-Bilder aufgenommen haben.

In Abbildung I-41 ist zu sehen, wie sich ein doppelter Wirbel gebildet hat und wie Lichtbänder sich über die konische Form spannen. Zwei Beobachtungen sind hier von Bedeutung. Erstens scheinen die Orbs die Form und die Drehung eines Wirbels anzunehmen. Zweitens meinte jemand zu mir, dass die skelettartige Form ein Hinweis auf den Tod sei und dass es sich bei der drehenden Spirale um den Tunnel handeln könnte, von dem Menschen berichteten, die ein Nahtod-Erlebnis gehabt haben.

Karneval-Lichter

Als ich anfing, einfach hoch in den Himmel zu fotografieren, erhielt ich oft Bilder wie das in Abbildung I-42, die ich »Karneval-Lichter« nenne. Als ich auf Bilder stieß, die ein Weltraumteleskop aufgenommen hatte, fiel mir auf, wie sehr diese Orb-Abbildungen entfernten Konstellationen im Weltraum gleichen, die von einem Teleskop eingefangen werden.

Beobachtungs-Lichter

Gelegentlich begannen bestimmte Orbs ganz unterschiedliche Muster zu entwickeln. In diesen Beispielen erschien plötzlich eine völlig andere Struktur, während die anderen Orbs eine sechseckige Form annahmen. In Abbildung I-43 zeigt das Orb die Form, die es später angenommen hat und die im ersten Bild der Serie (Abbildungen I-43 bis I-46) sichtbar wird, auf dem Orbs in sechseckiger Gestalt in Erscheinung treten. Abbildungen I-44A, I-45 und I-46 zeigen hingegen die Form, die es annimmt, wenn die anderen Orbs in Kugelform erscheinen.

Dreifarbige Orbs

Schauen Sie sich die Abbildungen I-47 und I-48 an. Viele der fotografierten Orbs haben unterschiedliche Farbschattierungen an den Rändern, was Aufschluss darüber gibt, in welche Richtung sie sich bewegen. Ein blauer Farbton scheint die Richtung anzuzeigen, in die sie sich bewegen, und ein bräunlicher oder roter die Richtung, aus der sie kommen.

Abbildungen innerhalb der Orbs

Bei vielen Gelegenheiten ist es kugelförmigen Orbs gelungen, in sich ein Gesicht zu formen (siehe Abbildungen I-49 und I-50).

Abbildung I-51 wurde in Ramthas Schule der Erleuchtung bei einer Hochzeitszeremonie aufgenommen. Ein Orb mit dem klar erkennbaren Gesicht eines Kindes erscheint hinter dem Paar. (Orbs suchen nur selten düstere Orte auf, sondern scheinen besonders von Orten angezogen zu sein, wo Kinder spielen oder eine fröhliche Atmosphäre herrscht.)

Als Orbs zum ersten Mal in Ramthas Schule der Erleuchtung fotografiert wurden, entstand eine Serie von Bildern, auf denen sie eine kameraartige Gestalt annahmen, möglicherweise als Einladung, mehr Fotos von ihnen zu machen!

Auf der Darstellung in Abbildung I-52 ist die Kamera abgebildet, die bei den Aufnahmen benutzt wurde. Die Hand
des Fotografierenden ist in das Bild des kameraartigen Orbs
hineinkopiert, um seine Umrisse noch klarer identifizieren
zu können.

Orbs im Nebel

Feuchtigkeit und Kälte fördern ein vermehrtes Auftreten
von Orbs. Vorsicht ist jedoch geboten, um Nebelteilchen,
Wassertröpfchen und Staubteilchen nicht mit den Abbildungen echter Orbs zu verwechseln. Abbildung I-53 ist ein
Beispiel für Orbs im Nebel.

Die meisten Orbs haben eine oder mehrere sichtbare Linien unterhalb ihres Randes, was darauf hindeuten kann,
dass sie von Natur aus flach und nicht kugelförmig sind.
Dieses hilft, echte Orb-Bilder von unechten zu unterscheiden. Aber auch wenn Sie noch keine große Erfahrung in
diesem Bereich haben, werden Sie einen echten Orb leicht
von dem unterscheiden, was durch unerwünschte Nebenef-
fekte, die ich oben erwähnt habe, zustande kommt.

Orbs weisen gewöhnlich nicht nur konzentrische Kreis-
formationen innerhalb ihres äußeren Randes auf, sondern
auch bestimmte Beulen und Unebenheiten auf ihrer Oberfläche. Die Abbildungen I-54 bis I-58 zeigen Beispiele von
Orbs mit großen Details. Diese Muster, die so individuell
wie menschliche Fingerabdrücke zu sein scheinen, können
dabei helfen, einzelne Orbs auf verschiedenen Fotos wie-
derzufinden. Wenn Sie sich die unterschiedlichen Erscheinungsformen der Orbs, die Sie fotografieren, genau anschauen, werden Sie ein Gespür für die enorme Vielfalt ihrer
Manifestationen bekommen.

4

Wirbel und Torsionsfelder:
Orbs, die vielleicht nicht
elektromagnetischen Ursprungs sind

In der zweiten Hälfte des 20. Jahrhunderts glaubten Wissenschaftler, dass sich alle beobachtbaren Naturphänomene mit vier bekannten Kräften erklären lassen: Elektromagnetismus, Schwerkraft sowie die starke und schwache Kernkraft. Die Tatsache, dass wissenschaftliche Experimente Resultate erbrachten, die sich nicht allein mit diesen vier Kräften erklären ließen, deutete auf die Existenz von Torsionseffekten hin, die unsere Vorstellungen veränderten, wie die Welt im Einzelnen aufgebaut ist.

Viele Wissenschaftler gehen inzwischen davon aus, dass alle Substanzen ihr eigenes Torsionsfeld haben. Torsionswellen können sich schneller als die Lichtgeschwindigkeit ausbreiten, und ihre Geschwindigkeit lässt nicht nach, während sich die Welle ausbreitet. Dieses Phänomen könnte eine Kommunikation über lange Entfernungen innerhalb einer Galaxie ermöglichen, ohne dass das ursprüngliche Signal schwächer wird. In Torsionsfeldern ziehen sich gleiche Ladungen gegenseitig an. Dies ist genau das Gegenteil von dem, was beim Elektromagnetismus geschieht, wo sich gleiche Ladungen abstoßen und gegensätzliche anziehen. Dieses neue Paradigma ermöglicht es, in allen wissenschaftlichen und technologischen Bereichen zu neuen Forschungsergebnissen zu kommen, sodass die modernsten Technologien des 21. Jahrhunderts vielleicht auf der Torsionstechnik basieren.

Die Wirkung des Torsionsfeldes
auf Schwerkraft und Licht

Schwerkraftfelder und Torsionsfelder haben ein paar gemeinsame Eigenschaften. Keines der beiden Felder kann durch ein natürliches Material abgeschirmt werden. Ein Schwerkraftfeld ist mit der *longitudinalen* Spin-Polarisation des physischen Vakuums identisch, während ein Torsionsfeld der *transversalen* Spin-Polarisation des physischen Vakuums entspricht.[14] Es ist möglich, Torsionsfelder durch künstliche Materialien zu begrenzen, zum Beispiel mit zwei kreuzweise verlaufenden Schichten normaler Polyäthylenfolie. Diese Plastikart ist so konstruiert, dass die Polymere eine einseitig ausgerichtete Struktur haben, was zu einer molekularen Spin-Ausrichtung führt. Das Ergebnis ist die Erzeugung eines gemeinsamen Torsionsfeldes. Zwei gekreuzte Polyäthylenschichten sind für einen Großteil der Radiofrequenzen durchlässig, können aber die Torsionsstrahlung blockieren.

Die Torsionsstrahlung eines physikalischen Materials führt nur zu einer Veränderung des Spin-Zustands seiner Atome. Dennoch, wenn sich der Spin-Zustand des physikalischen Vakuums ändert, kann dies dazu führen, dass sich auch der Polarisationswinkel eines Lichtstrahls verändert. Ich glaube, dieser Vorgang ist von zentraler Bedeutung, um einige Auswirkungen der Verzerrung physischer Realitäten zu erklären, die ich während meiner Forschungen festgestellt habe und die auf mehreren Fotos in diesem Buch dokumentiert sind. (Man muss dazu wissen, dass Veränderungen im Spin-Zustand einer Substanz auch seine Magnetisierbarkeit beeinflussen.)

Diese ganzen Zusammenhänge sind deshalb für die Erforschung von Orbs wichtig, weil ein Torsionsfeld die Frequenz von jedem physikalischen Vorgang verändern kann. Diese Tatsache zeigt sich besonders in der Auswirkung auf Quarzkristalle, deren Oszillationsfrequenz sich signifikant verändert, wenn sie einem Torsionsfeld ausgesetzt werden. Experimente mit Quarzkristallen scheinen eine direkte Beziehung zwischen dem Torsionsfeld und der Zeitverzerrung nahezulegen. Wenn das Torsionsfeld und das Schwerkraftfeld in entgegengesetzter Richtung wirken und wenn wir uns vor Augen führen, dass Zeit ein Vektor des Magnetfelds ist, dann ergibt sich daraus die interessante Frage, welche Auswirkung ein Torsionsfeld auf die Zeit hat.

Wenn in einem bestimmten Bereich ein Torsionsfeld über ein Schwerkraftfeld gelegt wird, kann es in diesem Gebiet zu einer Verringerung der Schwerkraft kommen. Das bedeutet, der Einfluss der Torsionsstrahlung auf ein physikalisches Objekt kann zu einer Reduzierung von dessen Gewicht führen. Diese Eigenschaft des Torsionsfeldes wurde in den Fünfzigerjahren von N. A. Kozyrev entdeckt und später von vielen anderen im Experiment bestätigt.[15] Das beste Beispiel ist, wenn eine Person frei schwebt. Dies geschieht durch das Torsionsfeld, das in die entgegengesetzte Richtung der Schwerkraft wirkt. Es gleicht den Effekt aus, den die Schwerkraft auf den Körper hat, und die Person wird schwerelos.

Wenn irgendeine Substanz – sei es ein physikalisches Vakuum, der menschliche Körper oder sogar ein physischer Standort – dem Einfluss eines äußeren Torsionsfeldes ausgesetzt wird, verursacht dies eine transversale Spin-Polarisation dieser Substanz. Aufgrund der externen Torsionsstrahlung kann das Torsionsfeld im physikalischen Objekt »aufgezeichnet« werden. Dieser Effekt kann mehrere Monate anhalten, wenn er zum Beispiel, wie oben erwähnt, durch kreuzweise zueinander verlaufende Plastikschichten abgeschirmt wird. Wenn das aufgeladene Objekt physikalischer Erschütterung ausgesetzt ist, verschwindet die Torsionsladung, weil die Torsionsfelder eng mit Trägheitsmomenten verknüpft sind.

Kann ein Torsionswirbel Orbs erzeugen?

Wie Sie den Abbildungen I-36 und I-41 entnehmen können, habe ich etwas fotografiert, was ich für die Vorform eines vollständig ausgebildeten Torsionswirbels halte. In der ersten Nacht habe ich ungefähr 20 Fotos von Wirbeln gemacht, und in mehreren nachfolgenden Nächten habe ich die Vorstadien ihrer Entstehung festhalten können. Obwohl ich nicht genau verstehe, auf welche Art und Weise das Phänomen konkret zustande gekommen ist, beschreibe ich jetzt einfach einmal im Detail, welchen Sachverhalt ich beobachten konnte, der zur Manifestation der Wirbel führte. Je mehr wir über dieses Phänomen in Erfahrung bringen, desto besser werden wir beurteilen können, welche Sachverhalte von größerer oder geringerer Bedeutung sind – und welche wir vielleicht völlig außer Acht lassen können.

Ein paar Tage vor dem ersten Erscheinen eines Wirbels versuchte ich eine Aufnahme in einem Bereich zu machen, der von Bäumen eingegrenzt war, knapp 50 Meter vor mir in der Einfahrt. Es war am Nachmittag im hellen Tageslicht. Als ich den Auslöser drückte, wurde das Foto nicht – wie es normalerweise geschieht – sofort aufgenommen, sondern der Infrarot-Entfernungsmesser fing an, die Länge der Linse auszurichten. Es war so, als befände sich ein Objekt direkt vor mir, das ich nicht sehen konnte, das aber der Infrarotstrahl des Entfernungsmessers wahrnahm und worauf er die Linse fokussierte. Dennoch war auf dem Foto selbst nichts zwischen mir und den Bäumen zu sehen.

Als ich die Einfahrt hinunterging und mich den Bäumen näherte, machte ich noch weitere Bilder. Dieses Mal konnte ich mit bloßem Auge ein großes Orb-artiges Objekt vor oder in den Bäumen sehen. Es schien zwischen acht und zehn Meter hoch und breit zu sein.

Ich bin schon seit 40 Jahren ein leidenschaftlicher Amateurfotograf und kenne all die kleinen Missgeschicke, die eine Aufnahme ruinieren können. Auf jeden Fall sollte man die Kamera beim Fotografieren nicht bewegen und darauf achten, dass das Objekt scharf ist, usw. Meine Kamera hatte jedoch Autofokus, und in den mehr als drei Jahren, in denen ich sie bereits benutze, hatte ich nicht ein verwackeltes Bild. Aber direkt nachdem ich das große Objekt entdeckt hatte, machte ich hintereinander vier oder fünf Fotos, die unscharf oder sonst irgendwie verzerrt waren. Ein Bild von meinem Lattenzaun entlang meiner Einfahrt zeigte senkrecht stehende, weiße Zaunlatten, ungefähr einen halben Meter über dem tatsächlichen Zaun. Damals legte ich das Bild in dem Glauben ab, einen elementaren Fehler begangen zu haben – vielleicht weil ich die Kamera während der Aufnahme nach unten bewegt hatte. Mehrere Tage dachte ich nicht an den Vorfall. Aber glücklicherweise lösche ich keine »misslungenen« Fotos.

Als ich in einen anderen Teil meines Gartens ging, konnte ich vor dem Hintergrund der Bäume Stellen sehen, die trüb oder unscharf zu sein schienen. Ich fotografierte sie und registrierte die »Unschärfen«, dachte aber spontan, dass es sich möglicherweise um Niederschlag auf der Linse handeln könnte. Obwohl ein leichter Regen fiel, war die Linse vollkommen trocken geblieben. Dies geschah alles bei Tageslicht.

Als ich in der nächsten Nacht zu fotografieren begann, traten ziemlich merkwürdige Phänomene auf. Hätte ich nicht schon einiges über die Orbs gewusst, wäre vielleicht die Befürchtung aufgekommen, die Aufmerksamkeit von zwielichtigen Charakteren aus der Unterwelt geweckt zu haben – und ich hätte mich deshalb sicherheitshalber in mein Haus zurückgezogen. Wie bereits erwähnt, hatte ich zahlreiche Bilder von Orbs gemacht, die Löcher zu haben schienen oder wo anscheinend ganze Segmente fehlten. Diese Effekte kommen jedoch nicht durch Unzulänglichkeiten der Orbs selbst zustande – und sind mit Sicherheit keine Schäden, die durch einen »Krieg unter den Orbs« entstanden sind! Nein, was nun in Erscheinung trat, schien weitaus bizarrer zu sein. Die Orbs zeigten auffallende Deformationen; sie waren fragmentiert, besaßen große »Löcher«, waren in die Länge gezogen und in vielerlei Hinsicht verzerrt. Über einen Zeitraum von etwa einer halben Stunde begannen sich die Überreste der Orbs um ein Zentrum zu drehen, das durch einen grauen Energiekreis geformt wurde, der nicht, wie die Orbs, definierbare Ränder hatte. Die Orbs sahen zu diesem Zeitpunkt wie zerlumpte weiße Stoffstücke aus, wie Sie in Abbildung I-37 sehen können. Innerhalb kürzester Zeit formte sich ein klar erkennbarer Wirbel mit einem Energiezentrum in der Mitte. Wenn man sich diesen Vorgang – von dem ich Dutzende von Bildern habe – genau vor Augen führt, dann ist es gut möglich, dass wir es mit einem sich entwickelnden Torsionsfeld zu tun haben, das seine Eigenschaften und Effekte, die ich gerade beschrieben habe, auf die Objekte in seiner Nähe überträgt.

Als ich in der nächsten Nacht fotografierte, tauchte das gleiche Phänomen erneut auf – und zwar dieses Mal viel schneller. Dies könnte an dem »Prägungseffekt« des Torsionsfeldes gelegen haben, wodurch die Erzeugung des Feldes bei jedem nachfolgenden Mal immer leichter wird. Ziemlich schnell war bereits ein vollständig ausgebildeter Wirbel entstanden. Ich maß mit meinen Händen die Größe seines Energiezentrums und erhielt einen Durchmesser von 80 bis 100 Zentimeter. An den Seiten des sich drehenden Wirbels befanden sich Orbs, die fast vollständig ihre ursprüngliche Form verloren hatten. Ihre Entfernung von der Kamera betrug ungefähr vier bis fünf Meter.

Im Laufe der nächsten paar Tage fotografierte ich an der gleichen Stelle, allerdings bei Tageslicht. Ich bemerkte einige Verzerrungen der physikalischen Realität vor meiner Kamera, die nicht dadurch erklärt werden konnten, dass die Kamera gewackelt oder sich die Person oder die Objekte im Blickwinkel der Kamera bewegt hätten. Diese Orb-Formen wurden von anderen Phänomenen begleitet, die an spitze oder pyramidenförmige Schleier erinnerten, die auf vielen

Fotos zu sehen waren, und zwar unabhängig davon, ob sie in der Nacht oder am Tag aufgenommen worden waren.

Weitere Nachforschungen

Die Orbs, mit denen wir uns befasst haben, waren allesamt elektromagnetischer Natur (was dadurch bewiesen wurde, dass sie fluoreszierten, wenn sie einer Photonenstrahlung ausgesetzt waren). Es ist zu erwarten, dass sie die elektromagnetischen Ladungen, die Bilder in einer Digitalkamera speichern, gezielt beeinflussen und kontrollieren können. Ich habe die unterschiedlichsten Experimente durchgeführt und genügend Datenmaterial gesammelt, um beweisen zu können, dass sie auf die elektromagnetischen Ladungen, die aufgezeichnet werden, einwirken können.

Zukünftige Experimente könnten darin bestehen, die Luft (in einer trockenen Umgebung) zu ionisieren, um herauszufinden, ob der gleiche Effekt beobachtbar ist, der in einer feuchten Umgebung zustande kommt. Ein Ionisator ist in der Tat eines der besten Hilfsmittel, um Orbs sichtbar zu machen, da ein Anstieg der Ionisierung mit ihrem Auftreten einherzugehen scheint. Ein normaler Gauß-Messapparat, der das Schwerkraftfeld misst, ist ebenfalls ein nützliches Nachweisgerät.

Der Einsatz eines starken Stroboskops während des Fotografierens erhöht ebenfalls die Anzahl von Orbs auf den Bildern, wahrscheinlich wegen der erhöhten Möglichkeit zur Fluoreszenz, den die pulsierenden Photonen des Stroboskops in den Orbs erzeugen.

Die Entdeckung, dass die Orbs offensichtlich Torsions-

Abbildung I-1

Abbildung I-2

Beispiele für sechseckige Orbs. Die Orbs selbst sind nicht sechseckig; stattdessen hat sich der Verschluss der Kamera auf diesen Orbs abgebildet.

Abbildung I-3

Abbildung I-4

Orbs gibt es in allen möglichen Formen, Größen und Farben. Die Fotos in den Abbildungen I-3 bis I-16A, die ich alle
selbst gemacht habe, zeigen zum Beispiel braune, rote,
weiße, blaue und rosafarbene Orbs.

Abbildung I-5

Abbildung I-6

Abbildung I-7

Abbildung I-8

Abbildung I-9

Abbildung I-10

Abbildung I-11

Abbildung I-13

Abbildung I-12: Ein kleines Mädchen und ihr Hund tanzen an einem Sommerabend unter farbigen Orbs.

Abbildung I-14

Abbildung I-15

Abbildung I-16

Abbildung I-16A

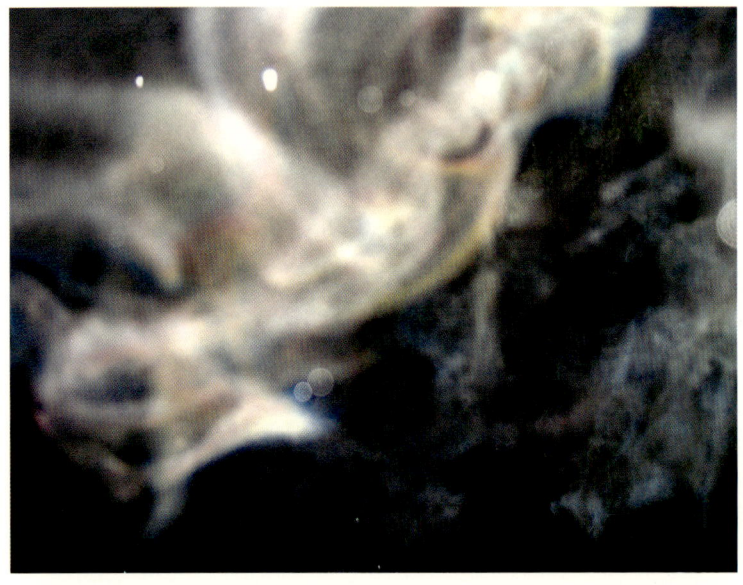

Abbildung I-17

Manchmal verwandeln sich Orbs in plasmaartige Wolken.
Die Abbildungen I-17 bis I-24 zeigen Formationen, die ich
Plasmoide nenne.

Abbildung I-18

Abbildung I-19

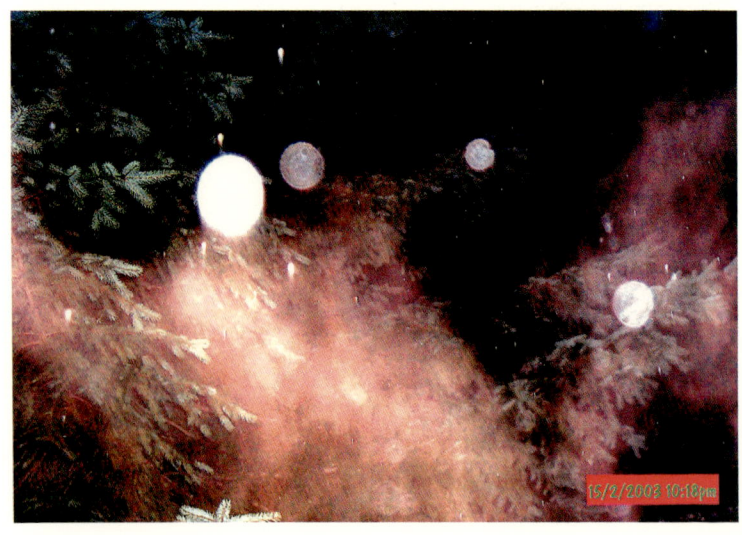

Abbildung I-20

Abbildung I-21

Abbildung I-22

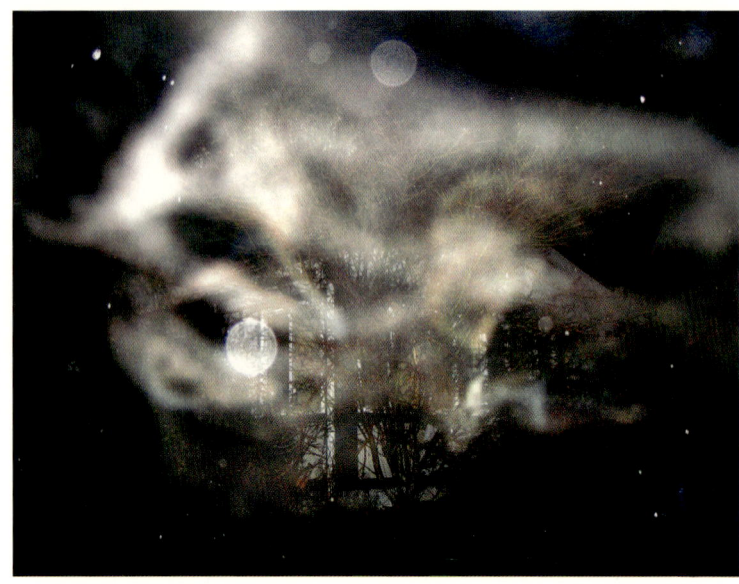

Abbildung I-23

Abbildung I-24

Abbildung I-25

Abbildung I-26

Diese beiden Aufnahmen (zwischen denen nur zehn Sekunden liegen) zeigen, wie Orbs sich in Plasmoide verwandeln.

Abbildung I-27

Manchmal sehen Orbs wie elegante Gardinen aus feinem Stoff aus. Ich nenne diese Form »Schleier«.

Abbildung I-28

Energiekreise, wie der Orb im Vordergrund dieser Aufnahme, sind viel größer als ein durchschnittlicher Orb und
haben nicht die typisch eingebeulte Form. Da der Rand
nicht scharf ist, werden diese Orbs leicht mit Wassertropfen
verwechselt.

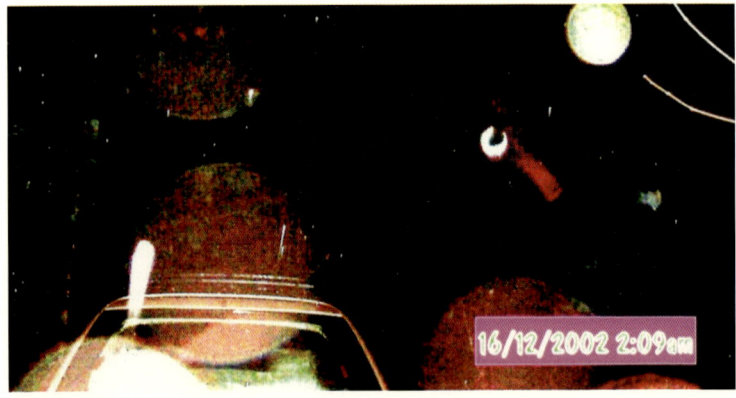

Abbildung I-29

Abbildung I-30

»Rote Giganten«, wie auf diesen Fotos zu sehen, sind wesentlich größer als ein normaler Orb; auch haben sie oft in Randnähe zwei intensive rote Punkte.

Abbildung I-31: Ein sehr seltener »Raketen-Orb«.

Abbildung I-33

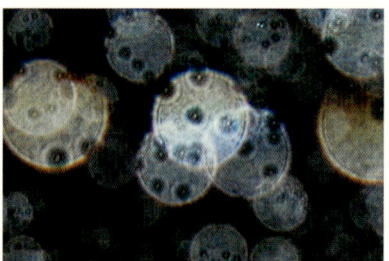

Abbildung I-32

Manchmal scheinen bestimmte Segmente in den Orbs zu fehlen. Ich nenne diese Form »Skelette«. Ihre Unvollständigkeit mag daher rühren, dass sie sich noch nicht ganz in dem Frequenzbereich manifestiert haben, den die Kamera einfangen kann; oder sie entfernen sich gerade aus diesem Bereich.

Abbildung I-34

Abbildung I-35

Abbildung I-36

Abbildung I-37

Die Abbildungen I-36 bis I-41 zeigen Orbs, die dabei sind, einen Wirbel zu bilden.

Abbildung I-38

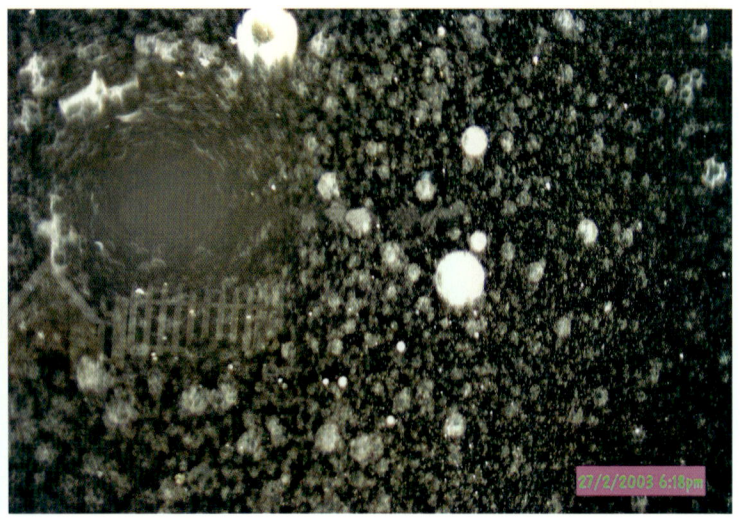

Abbildung I-39

Abbildung I-40

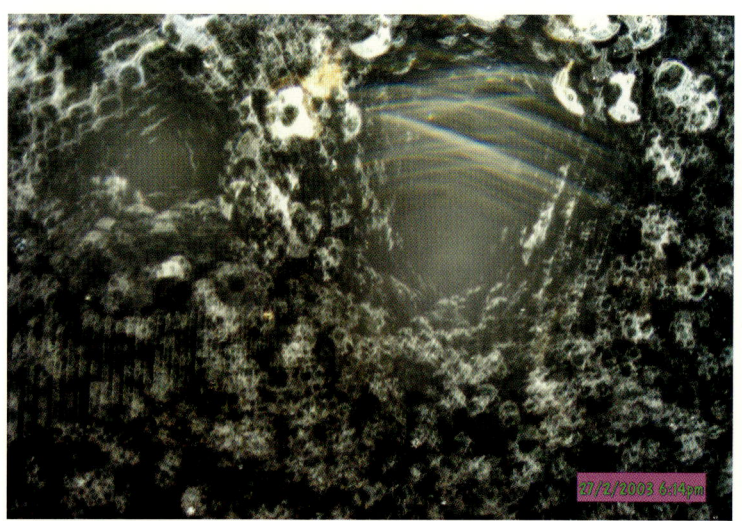

Abbildung I-41

Es entstand auch ein doppelter Wirbel, wobei sich Lichtbänder über die Wirbellöcher ziehen.

Abbildung I-42: Orbs, die ich »Karneval-Lichter« nenne, traten dann auf, wenn ich einfach hoch in den Himmel fotografierte.

Abbildung I-43: Manchmal kann ein Orb auch die typischen Merkmale der anderen Orbs in seiner Umgebung annehmen. Ich nenne diese Orbs »Beobachtungslichter«. Auf diesem Foto nahm das helle Orb diese einzigartige Form an, während alle anderen Orbs eine sechseckige Gestalt hatten.

Abbildung I-44

Abbildung I-44A

Noch mehr »Beobachtungslichter«. Einige Orbs nahmen die Gestalt an wie oben, während andere die Kugelform wählten.

Abbildung I-45

Abbildung I-46

Abbildung I-47

Abbildung I-48

Die »dreifarbigen Orbs« (1-47) haben unterschiedliche Farben an ihrem Rand, was auf die Richtung schließen lässt, in die sie sich bewegen.

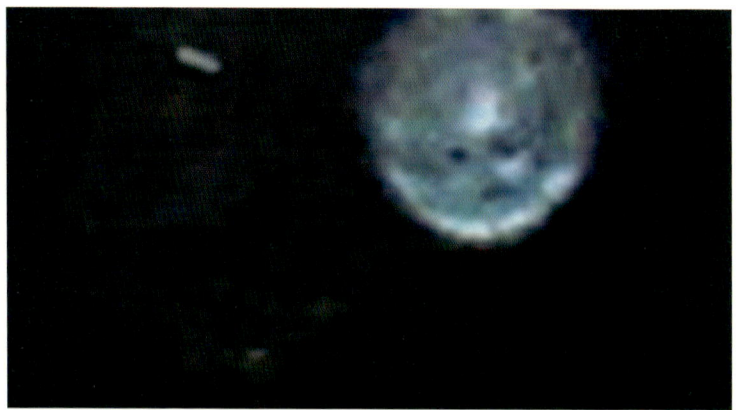

Abbildung I-49

Abbildung I-50

Orbs bilden manchmal in ihrer Kugelform Gesichter ab, wie
auf diesen Fotos gut zu sehen ist.

Abbildung I-51: Orbs werden oft in der Nähe von Kindern oder in fröhlichen Situationen fotografiert – wie zum Beispiel bei dieser Hochzeit in Ramthas Schule der Erleuchtung.

Abbildung I-52: Diese Kollage zeigt, wie Orbs in Ramthas Schule der Erleuchtung eine kameraartige Form annahmen. Die Hand des Fotografen wurde dem Bild hinzugefügt, um die Orb-Form leichter erkennen zu können.

Abbildung I-53: Feuchtigkeit in der Luft ermöglicht oft eine überreiche Manifestation von Orbs. In einer solchen Situation muss man aufpassen, dass man Nebelpartikel nicht für echte Orbs hält. Bei dieser Aufnahme im Nebel geben die inneren Strukturen einen Hinweis darauf, dass es sich um echte Orbs handelt.

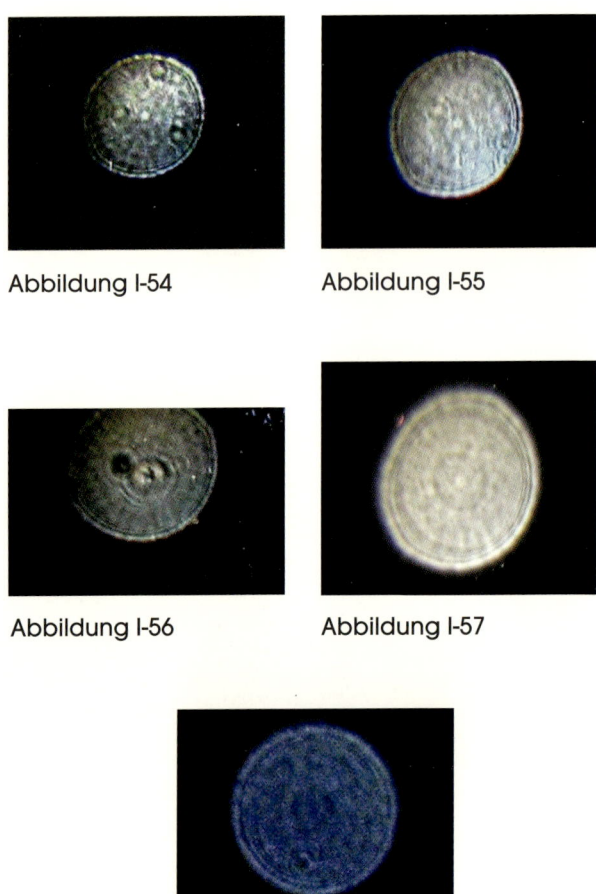

Abbildung I-54

Abbildung I-55

Abbildung I-56

Abbildung I-57

Abbildung I-58

Beispiele für Orbs mit gut erkennbarem Muster. Sie können dabei helfen, bestimmte Orbs beim Fotografieren wieder-zuerkennen.

wirbel erzeugen, eröffnet uns neue Möglichkeiten, die Realität besser zu verstehen. Die Wirkung, die ein Torsionsfeld auf die Verformung des Raumzeitgefüges hat, ist von besonderem Interesse und stellt einen Bereich dar, der näherer Untersuchung wert ist. Im nächsten Kapitel befassen wir uns mit den Grundzügen der Orb-Fotografie.

Tipps zum Fotografieren von Orbs

Das Fotografieren von Orbs ist keine obskure oder geheimnisvolle Wissenschaft, keine Spielfläche für Mystiker, Gurus oder solche, die sich für Auserwählte Gottes halten. Es ist ein sehr pragmatischer und bodenständiger Forschungsbereich. Jeder, der genügend Geduld und Engagement hat, kann selbst Aufnahmen von Orbs und Plasmoiden machen und erhält auf diese Weise Beweismaterial aus erster Hand. Ich habe mich eingehend mit der Orb-Fotografie befasst und möchte Ihnen ein paar Tipps geben, damit Sie wissen, worauf Sie achten müssen.

Digitalkameras und Fotoapparate
mit Negativfilm

Vom grundsätzlichen Aufbau her unterscheidet sich die Digitalkamera nicht von einem Fotoapparat mit Negativfilm. Bei beiden fällt das Licht durch eine Linse, die es auf ein Medium fokussiert, das die Lichtinformation aufzeichnet. Beide Kameras haben Verschlüsse, die die Linse mit unterschiedlicher Geschwindigkeit öffnen und schließen. Bei den modernen Kameras, die für den Massengebrauch bestimmt sind, wählt die Kamera automatisch eine Verschlussgeschwindigkeit. Sie wird von der Empfindlichkeit des aufzeichnenden Mediums und der Lichtmenge bestimmt, die jeweils zur Verfügung steht und vom Belichtungsmesser der Kamera gemessen wird. Wenn ein Objekt, das fotografiert werden soll, sich schnell bewegt, ist eine höhere Geschwindigkeit notwendig, um die Bewegung »einzufrieren« und ein unscharfes Bild zu vermeiden.

Die Digitalkameras, die in diesem Buch zum Fotografieren der Orbs benutzt wurden, waren vollautomatisch. Ich hatte also keine Kontrolle über Verschlussgeschwindigkeit oder Belichtungszeit. Aus diesem Grund sehen Sie auf vielen Fotos unscharfe Kondensstreifen hinter den Orbs: Die Verschlussgeschwindigkeit war zu langsam, um das Orb dort »einzufrieren«, wo es war.

Wenn wir die Dauer des Blitzlichtes kennen – normalerweise eine Tausendstelsekunde –, dann können wir leicht die Geschwindigkeit der Orbs ausrechnen, wenn ihre Entfernung von der Kamera bekannt ist. Wenn man beispielsweise weiß, dass ein Orb 1,5 Meter von der Kamera entfernt ist, und er während der Dauer des Blitzlichts, sagen wir, sechs Meter zurücklegt, dann bekommt man eine Ahnung von der enormen Geschwindigkeit, mit der sie sich bewegen.

Von manchen wurde vermutet, dass in die Höhe schießende Orbs vielleicht Energieentladungen sind. Eine digitale Videoaufzeichnung würde noch bessere Resultate bringen. Mit einer digitalen Filmkamera, bei der man die Hitzespiegel (die das Infrarotlicht herausfiltern) ausstellen kann, lassen sich gute Orb-Videos drehen, aber leider haben die Bilder einen Grünstich. In diesem Fall ist es besser, ein starkes Stroboskop zu benutzen, das das Blitzlicht ersetzt und die Orbs zur Fluoreszenz anregt.

Der größte Unterschied zwischen einem normalen Fotoapparat und einer Digitalkamera liegt in dem Medium, mit
dem beide die Lichtinformation empfangen und aufzeichnen. Fotoapparate mit Negativfilm zeichnen das Bild auf
einer Filmrolle auf, die mit einer Schicht überzogen ist, die
lichtsensible Silberhalogenidkristalle enthält. Wenn ein
Lichtstrahl auf diese Schicht trifft, verändern sich die Kristalle chemisch, wodurch ein Bild entsteht. Das Bild ist zuerst
noch unsichtbar, aber zeigt sich später, wenn der Negativfilm zum Entwickeln in ein chemisches Bad getaucht wird.
In der Schwarzweißfotografie werden bei der Entwicklung
jene Halogenide, wenn sie von einem Lichtstrahl getroffen
werden, zu einer schwarzen, metallfarbenen Silberhaloge-
nidschicht, die ein wahrnehmbares Bild erzeugt. Ein ähnlicher, aber komplexerer Vorgang findet bei der Entwicklung eines Farbfilms statt.

Bei digitalen Kameras wird das Bild nicht auf einem Film,
sondern auf einem sogenannten CCD-Chip festgehalten.
Ein CCD-Chip verfügt über eine gigantische Ansammlung
von Dioden und Silikonpartikeln, sogenannten Fotozellen.
Sobald ein Lichtstrahl die Pixel aus Silikon erreicht, reagieren sie genauso auf das Licht wie die Silberhalogenoid-Kris-
talle in der traditionellen Schwarzweißfotografie. Wenn das
Licht auf die Silikonpixel des CCD-Chips trifft, verursacht
es jedoch keine chemische Veränderung wie bei einem be-
schichteten Negativfilm. Stattdessen werden die Photonen
in Elektronen umgewandelt, und die elektrische Ladung
wird in den Silikonpixeln gespeichert. Je mehr Pixel ein
CCD-Chip aufweist, desto besser ist die Bildqualität. Die
Stärke der elektrischen Ladungen, die in den Fotozellen registriert und gespeichert wird, ist proportional der Stärke der

Lichtphotonen. Normalerweise kann ein System 65 535 Farben erzeugen und jede Farbe hat eine bestimmte elektrische Spannung.

In der Vergangenheit gab es Fotoapparate, die keine CCD-Chips besaßen, sondern mit einer sogenannten CMOS-Technologie funktionierten. Die Bilder hatten nicht die Qualität der CCD-Aufnahmen und waren auch nicht dafür geeignet, Orbs aufzuzeichnen. Wegen der technischen Unzulänglichkeiten der CMOS-Technologie wurden die CCD-Aufzeichnung zur Norm bei digitalen Foto- und Videokameras, astronomischen Teleskopen und vielen anderen Anwendungsbereichen, wo eine Bildgebung von höchster Qualität erforderlich ist. Aber die Situation verändert sich. Die Bildqualität der CMOS-Kameras reicht nun fast an die der CCD-Kameras heran, und da CMOS-Halbleiter in der Herstellung nur halb so teuer sind wie CCD-Halbleiter, wird die CMOS-Technologie sicherlich an Boden gewinnen.

Die Digitalkameratechnologie entwickelt sich mit rasanter Geschwindigkeit, und es ist kein Ende absehbar. Während eine höhere Pixelzahl die Bilder noch schärfer macht, erfordert sie auch mehr Platz, um die Bilder zu speichern.

Wenn ein Bild auf dem CCD-Chip einer digitalen Kamera festgehalten wird, muss es danach woanders abgespeichert werden, damit man eine weitere Aufnahme machen kann. Dieses Abspeichern geschieht normalerweise auf kleinen, beweglichen Speichereinheiten, die uns schon vom Computer her vertraut sind.

Die Zeit, die die Kamera braucht, um das Bild von dem CCD-Chip abzuspeichern, damit die nächste Aufnahme gemacht werden kann, nennt sich Recyclingzeit. Diese Zeit hängt von der Geschwindigkeit des Kameraprozessors und von anderen Faktoren ab, und das Warten darauf, dass der Recyclingprozess abgeschlossen ist, gehört zu den Erfahrungen in der Orb-Fotografie, die am meisten frustrieren. Wenn man ein aufschlussreiches Bild gemacht hat, dann kommt es einem manchmal wie eine Ewigkeit vor, bis man das nächste machen kann. Auch in diesem Bereich, wie in jedem anderen, bekommt man nur das, wofür man auch bezahlt, und das ist einer der Gründe, warum Sie sich die beste Kamera kaufen sollten, die Sie sich leisten können – vorausgesetzt natürlich, Sie testen sie zuerst auf ihre Empfänglichkeit für Lichtfrequenzen, die außerhalb der menschlichen Wahrnehmung liegen. (Wie Sie dies tun können, beschreibe ich weiter unten.)

Der große Vorteil, den digitale Kameras gegenüber normalen Fotoapparaten mit Negativfilm haben, besteht darin, dass der CCD-Chip nicht nur sichtbares Licht aufzeichnet, sondern auch für den Infrarotbereich empfänglich ist. Wie bereits oben ausgeführt, grenzt der Infrarotbereich unmittelbar an das sichtbare rote Licht und beginnt bei einer Frequenz von 700 Nanometer. Dies ist der unterste Frequenzbereich, in dem Orbs sichtbar gemacht werden können. Ein normaler Negativfilm zeichnet diese Frequenzen nicht auf. Aus diesem Grund erhalten diejenigen, die mit einer Digitalkamera fotografieren, mehr Bilder von Orbs als diejenigen, die analoge Fotoapparate benutzen – weil die niedrige Infrarotfrequenz, die von den Orbs ausgestrahlt wird, eben nur von einem digitalen CCD-Chip aufgezeichnet werden kann.

Es wurde schon oft betont, wie schwierig es ist, mit ausgefallenen und teuren Digitalkameras Orb-Bilder zu erhalten. Es stimmt, aber ich sehe andere Gründe dafür als die gemeinhin genannten. Die teuren Digitalkameras haben eine Antireflexionsschicht auf der Linse, um »geisterhafte« Reflexionen zu reduzieren, sowie zusätzliche Klappen, um den Lichtstrahl in der Kamera zu fokussieren. Dennoch ist es nicht korrekt, wenn man sagt, dies sei der Hauptgrund dafür, warum diese Phänomene (d.h. Orb-Abbildungen) eher bei billigen Kameras auftreten und Fotos mit Orb-artigen Gebilden und anderen Anomalitäten eine so starke Verbreitung finden.[16] Die richtige Erklärung lautet wohl eher: Teurere Kameras verfügen in der Regel über ein ausgeklügeltes System von inneren Hitzespiegeln, die die normale Bildqualität dadurch steigern, dass sie das Infrarotlicht herausfiltern.

Leider machen diese Spiegelfilter die Kamera weniger sensibel oder sogar gänzlich unempfänglich für Bilder, die in das Infrarotspektrum fallen. Wenn also eine teure Kamera nicht speziell umgebaut wird, ist es sehr unwahrscheinlich, dass sie Orb-Phänomene aufzeichnen kann, die eine infrarote Frequenz aufweisen. Es hat nichts damit zu tun, dass eine teure Kamera eine ausgeklügelte Technik besitzt, um Lichtreflexe und Streulicht zu reduzieren. Diese technischen Spielereien schließen vielmehr die Möglichkeit aus, falsche Orbs aufzuspüren und darzustellen.

Hitzespiegel – der Ruin der Orb-Fotografie

Die Infrarotempfänglichkeit des CCD-Chips, die eine wichtige Voraussetzung dafür ist, dass Orbs überhaupt aufgezeichnet werden können, bringt für normale Digitalfotos

Probleme mit sich, denn wenn sie nicht korrigiert wird, produziert sie Bilder, deren Farben körnig, verzerrt oder ausgewaschen sind. Kamerahersteller bauen normalerweise einen Filter in ihre Kameras ein, um das Infrarotlicht zu verringern, das auf den CCD-Chip trifft. Dieser Filter, der gewöhnlich aus einem hellblauen Glas besteht, wird als Hitzespiegel oder einfach nur als Infrarotfilter bezeichnet.

Abhängig von der Stärke dieser Filter, kommt entweder nur sehr wenig oder überhaupt kein Infrarotlicht durch. Da die Kameras eine immer größere Anzahl von Megapixeln haben, bauen die Hersteller immer wirkungsvollere Hitzespiegel ein. Wenn Sie eine Kamera kaufen wollen, mit der Sie gute Orb-Bilder machen können, dann sollten Sie nicht vergessen, dass das Infrarotlicht und die benachbarten Frequenzen außerhalb des sichtbaren Lichtspektrums dafür verantwortlich sind, dass Orbs überhaupt mit der Kamera eingefangen werden können. Es ist daher von entscheidender Bedeutung, eine Kamera zu kaufen, deren Hitzespiegel nicht das Licht herausfiltert, das außerhalb des sichtbaren Spektrums liegt.

Selbst wenn Hitzespiegel eingebaut sind, gibt es glücklicherweise eine einfache Möglichkeit, um herauszufinden, ob eine Kamera immer noch in der Lage ist, Infrarotlicht aufzuzeichnen. Die Methode selbst wird nicht gerade dazu beitragen, dass Sie bei Ihrem Kameraverkäufer noch beliebter werden, aber sie wird dafür sorgen, dass Sie sich keine teure Kamera kaufen, mit der Sie dann keine Orb-Bilder machen können.

Die meisten TV-Fernbedienungen senden ein Infrarotsignal aus. Nehmen Sie Ihre Fernbedienung mit in das Fotogeschäft. Stellen Sie die Kamera an, die Sie sich eventuell kaufen möchten. Um dies tun zu können, müssen Sie oftmals den Verkäufer um Batterien bitten, die er nicht immer griffbereit hat. Halten Sie die Kamera in der einen Hand und halten Sie die Fernbedienung mit der anderen direkt in die Kameralinse. Drücken Sie nun ein paar Knöpfe, so wie Sie es tun würden, wenn Sie Ihr Fernsehgerät bedienen würden. Schauen Sie auf den kleinen Bildschirm auf der Rückseite der Kamera. Sie sollten entweder einen konstanten oder blinkenden Lichtkranz sehen, der von der Fernbedienung ausgelöst wird, wenn Sie auf ihre Knöpfe drücken. Wenn Sie diesen Lichtkranz sehen, dann lässt der Hitzespiegel der Kamera noch genügend Infrarotlicht durch, um Orb-Fotos in guter Qualität zu ermöglichen. Je größer der Lichtkranz ist, den Sie auf dem Kamerabildschirm sehen, desto empfänglicher ist die Kamera für infrarotes Licht und desto besser wird sie Orbs aufspüren und aufzeichnen.

Manche haben auch versucht, den Hitzespiegel auszubauen. Dies ist jedoch weder ratsam noch nötig und mit Sicherheit kein Job für Normalsterbliche. Zum einen ist es nicht notwendig, reines Infrarotlicht für die Aufnahme von Orbs zur Verfügung zu haben, denn das hätte auch gewisse Nachteile. Eine Mischung aus infrarotem und sichtbarem Licht ist das Beste. Es gibt ein paar Kameras, bei denen man den Hitzespiegel manuell ausschalten kann, aber das bringt nur etwas bei Nachtaufnahmen. Der Ausbau des Hitzespiegels ist ein technisch schwieriges Unterfangen, das ich definitiv nicht empfehlen kann.

Wenn Sie mit einer Kamera experimentieren wollen, bei der man den Infrarotfilter manuell ausschalten kann, dann bietet Sony ein paar brauchbare Modelle an. Wenn bei diesen Kameras der »NightShot-Modus« aktiviert ist, wird der

Hitzespiegel automatisch ausgeschaltet und die veränderte Scharfstellung automatisch kompensiert. Vorsicht: Die Linse öffnet sich in dieser Einstellung sehr weit, und es gibt nur Verschlusszeiten von einer Dreißigstel- und einer Sechzigstelsekunde. Wenn Sie mit dieser Einstellung am Tag fotografieren, erhalten Sie überbelichtete Bilder, die sich für unsere Zwecke nicht mehr eignen. Sony musste diese Einschränkung machen, weil das Unternehmen in negative Schlagzeilen geraten war, als (fälschlicherweise) behauptet wurde, dass man mit NightShot am Tage durch die Kleidung hindurchfotografieren konnte. Die Wahrheit ist, dass Kameras mit NightShot im Dunkeln die Umrisse des Körpers im nassen Badeanzug abbilden konnten. Leider verfügen diese exzellenten Kameras nun nicht mehr über die Option, Infrarotlicht auch am Tage aufzuzeichnen.

Zusammenfassend lässt sich sagen, dass Infrarot-Fotografie und Orb-Fotografie nicht das Gleiche sind. Es ist daher nicht nötig, dass Ihre Kamera nur für infrarotes Licht empfänglich ist, um gute Orb-Fotos machen zu können. Ich habe die gängigsten Kameras im Bereich von 3 bis 10 Megapixel getestet, und die meisten ließen sich ziemlich gut zum Fotografieren von Orbs einsetzen. Wenn Sie sich eine neue Kamera für Orbs-Fotos kaufen wollen, besteht die einzig sichere Methode darin, sie mit einer Infrarotlicht aussendenden Fernbedienung auf Tauglichkeit zu testen, weil noch nicht abzusehen ist, wann die Kamerahersteller einen Apparat anbieten werden, der auf Orb-Fotos spezialisiert ist.

Die verschiedenen Formen von »Orb-Wesenheiten« strahlen normalerweise mindestens mit Frequenzen, die im hohen Hertz- oder im Infrarotbereich liegen. Wie ich oben

ausgeführt habe, scheinen die Orbs selbst elektromagnetischer Natur zu sein. Da der CCD-Chip der Digitalkameras
infrarotempfänglich ist und ihre Aufzeichnung elektromag-
netisch geschieht, ist die digitale Kamera sehr viel besser
für die Orb-Fotografie geeignet als Fotoapparate mit Negativfilm. Auch andere Optionen sprechen für die Digitalkamera, denn bei ihr kann man sich das gemachte Bild sofort
anschauen. Negativbilder müssen erst entwickelt werden, es
sei denn, es handelt sich um Polaroidfotos. Außerdem erfordert ein erfolgreiches Fotografieren von Orbs, dass man
viele Bilder macht, die fast nichts kosten, wenn man sich
erst einmal die Grundausstattung angeschafft hat – im Gegensatz zu normalen Bildern, deren Entwicklung sehr ins
Geld gehen würde.

Wie bereits erwähnt lassen sich erstaunliche technische
Effekte erzielen, wenn man weiß, wie man die digitalen Bilder beeinflussen kann. Nicht so bekannt ist, dass sich Täu-
schungsversuche leicht aufdecken lassen. Wenn ein digitales
Foto gemacht wird, erzeugt die Kamera eine EXIF-Datei, in
der auch der Code für das einzelne Bild festgehalten wird.
Die EXIF-Datei zeichnet Aufnahmetag und Aufnahmezeit
auf, Verschlussgeschwindigkeit und Linseneinstellungen
sowie den Kamerahersteller und das Modell. Diese Datei
speichert auch alle nachträglich vorgenommenen Veränderungen am Bild. Eine Veränderung des digitalen Bildes wird
also in allen einzelnen Schritten dokumentiert, die ein Fach-
mann sehr leicht nachvollziehen kann.

Ich habe diese Informationen hier eingefügt – auch auf
die Gefahr hin, zu viel technisches Verständnis vorauszuset-
zen –, weil viele Menschen, die dem Orb-Phänomen skeptisch gegenüberstehen, nur Beweise akzeptieren, die auf

normalen Negativfilmen sichtbar werden. Obwohl digitale Bilder leichter manipuliert werden können als Negative, ist es auch eine unabweisbare Tatsache, dass bei digitalen Bildern nachgewiesen werden kann, was mit ihnen gemacht wurde, auch nachdem sie aufgenommen worden sind.

Wie Sie falsche Orb-Bilder
von echten unterscheiden können

Wenn nur wenige Individuen auf der Welt Orbs fotografieren würden, dann wäre dieser Teil des Buchs von entscheidender Bedeutung. Dennoch muss man nicht über hellsichtige Kräfte verfügen und auch nicht von Gott in bestimmter Weise beschenkt oder begünstigt worden sein, um gute Fotos von Orbs machen zu können. Man braucht nur viel Geduld und eine billige Digitalkamera.

Nachdem dies gesagt ist, sollten Sie sich darüber im Klaren sein, dass es einige Faktoren gibt, mit deren Hilfe Sie spektakuläre Bilder von vermeintlichen Orbs oder von verwandten Phänomenen machen können, die in Wirklichkeit jedoch nicht echt sind.

Diese Faktoren lassen sich in drei große Kategorien einordnen: Die erste sind Streuobjekte, die zufällig im Sichtbereich der Kameralinse auftauchen, wie zum Beispiel Haarsträhnen des Fotografen oder Riemen der Kamera, die vor den Sucher geraten.

Die zweite Kategorie sind atmosphärische Elemente, die fotografiert wie Orbs oder plasmaartige Bilder aussehen (zum Beispiel Rauch aus einem Schornstein, einer Pfeife oder von einer Zigarette; Ihr frostiger Atem an einem kalten Tag oder in einer kalten Nacht; Dunst und Nebel; ein fliegendes Insekt, das im Blitzlicht sichtbar wird). Gegen diese

Dinge kann man sich ganz leicht schützen, indem man die entsprechende Sorgfalt walten lässt.

Die dritte Kategorie sind technische Probleme mit der Kameralinse und dem CCD-Chip, die zur Abbildung von »falschen Orbs« führen können. Am meisten verbreitet sind Lichtreflexionen, die dann auftreten, wenn Licht auf die Linse fällt, das nicht zu dem Objekt gehört, das fotografiert wird. Stattdessen wird es auf der Linsenoberfläche unzählige Male hin und her gespiegelt, bevor es den digitalen Sensor erreicht. Diese Reflexionen können sehr eindrucksvolle Kreisformen auf der Empfangsplatine hinterlassen, die bestimmten Orb-Formen ähneln. Sie befinden sich normalerweise auf einer Linie, die quer durch das Foto verläuft. Es ist ebenfalls zu beachten, dass die Gestalt der Orb-artigen Elemente mit der Verschlussform übereinstimmen kann. Wenn beispielsweise der Kameraverschluss aus fünf oder sechs Blättern besteht, dann hat auch das falsche Orb-Bild eine fünf- oder sechseckige Form, die sehr dem Muster ähnelt, das von der Digitalkamera durch Fluoreszenzstrahlung aufgezeichnet wird.

Der vierte Faktor, der falsche Orb-Bilder produziert, ist *bokeh*, japanisch für »Unschärfe«. Fotografen schätzen den zusätzlichen Effekt von unscharfen Bereichen auf einem Foto, da sie die zentralen Bildinhalte betonen und den Hintergrund verblassen lassen. In diesen unscharfen Bereichen kann jedoch jeder Lichtpunkt in eine digitale Form umgewandelt werden, die leicht mit einem Orb verwechselt wird.

Um Lichtreflexionen auf der Linse und *bokeh* zu verhindern, sollte man darauf achten, wie man die Kamera im Verhältnis zu einer möglicherweise störenden starken Lichtquelle in Position bringt. Achten Sie auf die typischen konzentrischen Kreise, die einen echten Orb kennzeichnen. Diese konzentrischen Kreise können von Photonen aus dem Blitzlicht oder aus der Umgebung – von Stellen mit vielen überschüssigen Elektronen – ausgelöst werden, die auf verschiedenen Ebenen auf die Orbs prallen. Dies kann dazu führen, dass die konzentrischen Kreise nicht gleichzeitig fluoreszieren und dadurch den Eindruck von Kreisen vermitteln. Außerdem nehmen die Orbs dadurch statt der typischen Kugelgestalt eine eher flache Erscheinungsform an. Dieser Effekt könnte auch dafür verantwortlich sein, dass die Orbs den Eindruck erwecken, als würden sie »ihr Gesicht« immer der Kamera zuwenden.

Viele Menschen sind der Meinung, dass Bilder von Orbs und Plasmoiden nur deshalb möglich sind, weil das Blitzlicht von Tröpfchen, Pollen oder Staubpartikeln in der Luft reflektiert wird, oder sie behaupten, dass die Linse verkratzt ist oder es Lichtreflexionen in der Linse gibt, die von den inneren Oberflächen der Linse selbst verursacht werden usw.. Wenn dies der einzige Grund dafür wäre, dass Orbs in Erscheinung treten, dann sollten sich auf allen nachfolgenden Bildern die gleichen Effekte zeigen. Ein Irrtum ist nie ausgeschlossen, aber er kann durch Sorgfalt vermieden werden, und jeder, der über wirkliche Erfahrung mit dem Fotografieren von Orbs verfügt, kann leicht unterscheiden, welche Effekte durch Tröpfchen, Pollen oder Staub verursacht werden und welche nicht. Es wäre deshalb auf dem gegenwärtigen Stand der Forschung grotesk, wenn man aufgrund möglicher Irrtümer gleich das ganze Orb-Phänomen infrage stellen würde.

Wenn wir einen Wassertropfen direkt auf die Kameralinse fallen lassen, können wir sehr leicht nachvollziehen, wie er unscharfe Stellen auf dem Bild erzeugt. Am besten macht man dieses Experiment bei Tageslicht. Durch Wassertropfen auf der Linse wird normalerweise das Blitzlicht in die Linse zurückreflektiert, es sei denn, Linse und Blitzlicht sind weit voneinander entfernt, aber ich kenne keine Kamera, bei der dies der Fall ist. Vermutlich vermeiden Kamerahersteller eine solche Position, weil eine derartige Anordnung von Linse und Blitzlicht es fast unmöglich machen würde, mit dem Blitzlicht normale Bilder in einer akzeptablen Qualität zu machen.

Wenn, wie einige behaupten, Orbs dadurch zustande kommen, dass ein Objekt außerhalb der Kamera das Licht vom Blitz in die Linse zurückwirft, das dann durch den Verschluss gegen die Rückseite der Linsenoberfläche geworfen wird und auf diese Weise ein Bild der Linse selbst entwirft, dann sollte es möglich sein, das Experiment zu wiederholen und zu gleichen Ergebnissen zu gelangen. Wenn der Verschluss eine solche Reflexion erzeugen würde, dann müsste sie zumindest halb geschlossen sein, was bedeuten würde, dass der Belichtungsgrad des angeblichen Orbs geringer sein müsste als die übrigen Bestandteile des Bilds. De facto aber sind Abbildungen von Orbs normalerweise genauso scharf wie andere Bildbereiche. Wenn diese »mechanischen« Erklärungen für das Orb-Phänomen verantwortlich wären, dann müsste man zu ähnlichen Resultaten kommen, wenn man aufeinanderfolgende Bilder unter fast identischen äußeren Bedingungen macht. Soweit ich weiß, ist dies nie gelungen.

Wenn eine Serie von Fotos in unmittelbarer Abfolge mit derselben Kamera und unter den gleichen atmosphärischen

Bedingungen geschossen wird, dann befinden sich Orbs nicht auf allen Aufnahmen, zum Beispiel dann nicht, wenn die Bilder in Intervallen von weniger als zehn Sekunden gemacht werden – also der Zeit, die die Kamera braucht, um die Aufnahme zu »recyceln«. Auf dem ersten Bild sind Orbs zu sehen, auf dem zweiten Bild jedoch nicht oder nur sehr spärlich, aber dann ist erneut eine große Anzahl auf dem dritten Bild sichtbar. Es ist einfach unmöglich, die äußeren atmosphärischen Bedingungen in der kurzen Zeit von 30 Sekunden dermaßen zu verändern. Dieser Faktor allein reicht aus, um zu zeigen, dass echte Orb-Aufnahmen nichts mit »atmosphärischer Verschmutzung« zu tun haben. Ich habe eine große Anzahl von solchen Sequenzen, die diesen Sachverhalt eindeutig belegen, mit der Kamera aufgezeichnet.

Wenn mehrere Personen zur selben Zeit am selben Ort fotografieren, erscheinen Orbs zwar auf manchen, jedoch nicht auf allen Fotos, und zwar unabhängig davon, ob eine analoge oder digitale Kamera eingesetzt wurde. Fehler in der Filmentwicklung lassen sich auch nicht zur Erklärung dieses Phänomens heranziehen, besonders wenn der Film in verschiedenen Laboren entwickelt wurde und die gleichen Fehler immer wieder auftauchten.

In digitalen Kameras kann es normalerweise zu keinen Fehlern bei der Filmentwicklung kommen. Wenn es dennoch zu Störungen bei der digitalen Bilderzeugung kommt, weil etwa die Kamera defekt ist, dann sind diese »Fehler« meistens rechtwinklig und haben nicht die Form eines Orbs. Außerdem lassen sich nicht die beobachteten halb transparenten Effekte produzieren, da die Pixel als solche fehlerhaft sind.

Ich habe Tausende von Bildern mit Regentropfen gemacht, ohne dass auch nur ein einziges Orb auf ihnen zu sehen war, und noch mehr Bilder, die voll von Orbs waren. Es braucht nur wenig Übung oder praktische Erfahrung, um diesen Unterschied feststellen zu können. Die Bewegungs-richtung der Orbs kann der Bewegungsrichtung der Wasser-tropfen entgegen oder mit ihr parallel laufen oder eine von 1000 Variationen zwischen diesen beiden Möglichkeiten sein. Ich habe die gleichen Experimente mit Staubpartikeln gemacht und bin im Wesentlichen zu den gleichen Schluss-folgerungen gekommen.

Orbs und unser Platz im Kosmos

Die Erforschung des Orb-Phänomens steckt noch in den Kinderschuhen, und so sollte man noch keine definitiven Schlüsse ziehen. Die Bilder in diesem Buch wurden einer Sammlung von über 100 000 Bildern entnommen, und die meisten sind genauso interessant wie die hier abgebildeten. Sie wurden unter allen nur erdenklichen Umständen gemacht, und Datum und Uhrzeit sind auf jedem Bild festgehalten. Die Bilder wurden nicht gefälscht. Einige hatten automatischen Kontrastausgleich und bei anderen waren Teilbereiche vergrößert, um Einzelheiten besser sehen zu können, aber sonst wurden sie so abgespeichert, wie sie aufgenommen worden waren. Dies kann durch die EXIF-Datei der Bilder verifiziert werden. Ich hoffe, dass alle, die eine digitale Kamera besitzen und genügend Zeit und Geduld haben, sich dieser Arbeit zu widmen, schließlich die gleiche Art von Bildern fotografieren werden. Jeder kann sich dann seine eigenen Gedanken über die Beweislage machen.

Meine Untersuchungsergebnisse lassen sich wie folgt zusammenfassen:

- Eine sorgfältige Analyse der Informationen, die in dieser Studie zusammengetragen wurden, zeigt klar und deutlich, dass das Orb-Phänomen real ist und nicht mit Wassertropfen oder Nebel, Staubkörnern oder Pollen in der

Luft, Lichtreflexionen, *bokeh* (Unschärfe) oder digitalen
Aufzeichnungsfehlern erklärt werden kann.

- Die sechseckige Form, die die Orbs manchmal annahmen,
  gaben mir den Hinweis darauf, dass ihre Abbildung nicht
  durch das Licht bewirkt wird, das nach dem Blitzlicht zur
  Kamera zurückreflektiert wird, wie es bei der normalen
  Fotografie der Fall ist. Die Orbs müssen das Licht aus sich
  selbst heraus erzeugen. Es entsteht sehr wahrscheinlich
  durch Fluoreszenz, die von den Photonen des Blitzlichts
  ausgelöst wird. Sie kann noch verstärkt werden durch ein
  Übermaß an freien Elektronen in der Atmosphäre, wie es
  der Fall ist, wenn es regnet, oder durch den Einsatz eines
  Ionisators oder Stroboskops.

- Dies bedeutet, dass die verschiedenen Orb-Typen, die unter derartigen Bedingungen in Erscheinung treten, elektromagnetischer Natur sein müssen. Die Farbe der Ioni-
  sationsstrahlung, die sie abgeben, ist wahrscheinlich ein
  Hinweis auf die Schwingungsebene, auf der sie sich befinden.

- Diese Untersuchung liefert den Beweis auf der physikalischen Ebene, dass es sich nicht nur um »Frequenzen«,
  sondern um eigene Existenzbereiche handelt, die in sich
  so fest sind, wie es die physische Realität für uns ist.

- Wenn dies stimmt, dann muss die Frage gestellt werden,
  ob wir einen physikalischen Beweis für die Existenz dieser
  Orb-Wesen haben. Wenn sie nicht zu dem physischen
  Universum gehören, das wir bewohnen, dann befinden

sie sich auf Daseinsebenen, deren Schwingungen höher sind als die unseren.

• Nur eine geringe Anzahl von Orbs kann mit dem in Verbindung gebracht werden, was Gespensterjäger und religiöse Gruppen für die Seelen von Toten halten, sodass einer Erforschung der Orbs unter dieser Perspektive enge Grenzen gesetzt sind.

• Unser religiöser und kultureller Hintergrund bereitet uns nur spärlich darauf vor, die Auswirkungen dieser Phänomene objektiv im Hinblick darauf bewerten zu können, wo sich unser Platz in einer Gesamtschau allen Seins befindet und was unser Schicksal vor der Geburt gewesen ist und nach ihr sein wird.

• Die Entwicklung offensichtlicher Torsionswirbel (und elektromagnetischer Drehmomente) auf vielen meiner Orb-Fotos weist darauf hin, dass es sehr wahrscheinlich Orb-Formen gibt, die nicht elektromagnetischer Natur sind, dafür aber zu einem Torsionsfeld gehören. Der bekannte Einfluss des Torsionswirbels auf das Abschirmen der Schwerkraft und die Krümmung des Raumzeitgefüges ist für ein tieferes Verstehen dieser neuen Realität von zentraler Bedeutung.

• Ich habe ein paar praktische Hinweise in Bezug auf die technische Seite der Orb-Fotografie gegeben, damit es Ihnen leichter fällt, echte von falschen Orb-Bildern unterscheiden zu können. Der Verzicht auf digitale Kameras, die mit Hitzespiegeln ausgestattet sind, um Infrarotstrahlung herauszufiltern, wird Ihnen dabei helfen, selbst Orbs aufzuspüren. Die Aufnahmen, die in diesem Buch abgebildet sind, wurden allerdings mit verschiedenen Kameras gemacht, die alle eingebaute Hitzespiegel hatten. Digitale Kameras eignen sich viel besser für die Orb-Fotografie als Fotoapparate mit Negativfilm, weil der CCD-Chip der digitalen Kamera bis zu einem gewissen Grad für das Lichtspektrum empfänglich ist, das außerhalb unseres Sehbereichs liegt. Ein normaler Negativfilm ist nicht in der Lage, diese Frequenzbereiche aufzuzeichnen.

• Nur wenn es den Orbs gelingt, eine ausreichende Menge freier Elektronen »einzufangen«, werden sie für die Kamera sichtbar; wenn diese Menge eine bestimmte Dichte erreicht hat, können wir sie zeitweise auch mit dem bloßen Auge sehen. Sie werden auch von starken elektromagnetischen Feldern angezogen und können, wenn sie genug aufgeladen sind, mit einem einfachen Gauß-Messgerät nachgewiesen werden.

• Orbs können ihre Elektronen frei bewegen, und dies kann etwas mit ihrer eigenen Fortbewegung zu tun haben. Auf manchen Bildern von Orbs im Flug zeigt die Spitze ein bläuliches Licht, während das hintere Ende eine braunorangefarbene Tönung aufweist. Wenn man sich in diesem Zusammenhang vor Augen führt, welche Bedeutung die Farben des Lichtspektrums haben, dann ergeben sich viele interessante Hypothesen.

• Es besteht Grund zu der Annahme, dass sich auch in Zukunft verschiedene Arten von Orbs zeigen und unterschiedliche Orb-Phänomene auftreten werden. Es ist daher nicht von der Hand zu weisen, dass sich im Laufe der Zeit auch eine Art Kommunikation mit ihnen entwickeln könnte.

- Wenn man auf der Grundlage der vorliegenden Forschungsergebnisse behaupten würde, alle Arten von Orb-Wesenheiten zu kennen, dann wäre das genauso töricht, als würde man glauben, man kenne alle Menschentypen, nur weil man mit denen seiner Umgebung vertraut ist.

Selbst wenn die Vorstellung schon lange überholt ist, dass sich das Universum um die Erde dreht, halten viele weiterhin die Erde für das Zentrum aller Dinge. Unser Problem sind nicht die Überzeugungen, die wir haben, sondern die Arroganz, mit der wir immer wieder glauben, im Mittelpunkt stehen zu müssen, selbst wenn die Tatsachen dagegen sprechen. Diese innere Haltung führt zu Ansichten, die sich mitnichten auf sichtbare Beweise gründen.

Warum aber halten wir uns in allen Dingen für überlegen? Beruht diese Überzeugung tatsächlich auf einem angeborenen Gefühl von Überlegenheit der Menschen gegenüber allen anderen Wesen? – Wenn dies der Fall wäre, dann würde klar, warum die Behauptung, dass es auch woanders intelligentes Leben geben könnte – entweder in unserem physikalischen Universum oder auf Schwingungsebenen mit höherer Frequenz – auf Menschen mit dieser inneren Einstellung so verunsichernd wirkt. Die Konsequenzen zeigen sich in erster Linie nicht in der Religion, sondern im technologischen Bereich und in der Politik. Vielleicht sitzen wir in dieser physikalischen Dimension gar nicht so im Schlamas-

sel, wie wir immer denken. Der Bereich des Unsichtbaren
ist schon lange nicht mehr die ausschließliche Domäne von
Mystikern und Visionären, denn immerhin verdanken wir
»dem Unsichtbaren« Fernsehen und Radio, Mikrowellen,
Mobiltelefone, aber auch die verheerende radioaktive Strahlung und Waffenlenksysteme. Wir sind schon lange nicht
mehr so dumm zu glauben, dass das, was wir nicht sehen
und hören können, für uns keine Relevanz hat. Wir wissen
inzwischen, dass das, was wir sehen oder nicht sehen, etwas mit den begrenzten Fähigkeiten unserer Sinne zu tun
hat, die sich entwickelt haben, damit wir uns speziell in dieser physikalischen Welt orientieren können. Die Wirklichkeiten, die auf ignorante Weise das Etikett »das Paranormale« oder »das Mystische« verpasst bekommen, scheinen
einfach nur deshalb anders zu sein, weil wir sie weder sehen
und hören noch mit Messinstrumenten nachweisen können.
Unsere Sinne sind Wahrnehmungsorgane; sie können nicht
entscheiden, was real und was nicht real ist.

Wir erkennen inzwischen allerdings immer mehr, dass
Paranormales und Mystisches nicht wirklich andere Realitäten darstellen – genauso wenig, wie die Farbenblindheit
des Pferdes bedeutet, dass die Farben Rot und Grün die Kategorien einer fremdartigen Welt sind. Das Orb-Phänomen
ist eine Bedrohung für unverbesserliche Überzeugungen,
die die Grundlage für eine völlig falsche und begrenzte
Einschätzung unseres Platzes in der göttlichen Schöpfung
sind. Es ist Zeit, dass wir uns damit befassen, welche Auswirkungen solche Überzeugungen haben. Wir sollten uns
nicht noch mehr beschränken und noch kleiner machen,
sondern uns den ungeheuren Möglichkeiten öffnen, wenn
sich neue Wirklichkeitsebenen zu entfalten beginnen und

wir unseren Platz und unsere Bedeutung im Kosmos neu definieren müssen.

Am meisten beunruhigt uns nicht der Gedanke, dass wir allein sein könnten, sondern dass wir vielleicht nicht allein sind. Wovor wir wirklich Angst haben, ist nicht unsere Schwäche, unsere Begrenzung und unsere Unfähigkeit, in dieser Welt zurechtzukommen; wovor wir wirklich Angst haben, ist unsere wahre Größe, die unter der Oberfläche von dem, was wir zu sein vorgeben, verborgen liegen könnte. Den meisten großen Denkern der Menschheit war klar, wie viel Angst wir vor der Verantwortung haben, die damit einhergeht, unser Schicksal selbst in die Hand zu nehmen. Dass diejenigen, die diese Meinung vertreten haben, oft getötet wurden, ist ausreichender Beweis dafür, wie Recht sie hatten. Wir sollten uns keine Illusionen darüber machen, dass auch das Orb-Phänomen diese uralten Ängste wieder in uns aufwühlt.

Bei der Erforschung von Orbs haben wir es mit Wirklichkeiten zu tun, die nicht in gewohnter Weise physikalischer Natur sind, wenngleich sie definitiv in dieser Welt geschehen. Das Problem liegt nicht darin, die Orb-Wesenheiten anzuerkennen und sie als der menschlichen Dimension gleichwertig zu betrachten, sondern dass sie einfach als übernatürliche Erscheinungen abgetan werden.

Teil II

Orbs – Zeugen einer göttlichen Gegenwart?

Von Dr. phys. Klaus Heinemann

Dank

Ich danke meiner Frau Gundi für ihre unermüdliche Hilfe und dafür, dass sie viele der Bilder gemacht hat, die in diesem Teil des Buchs gezeigt werden. Ich stehe in der Schuld des Geistlichen Ron Roth, der es mir gestattet hat, während seiner Workshops und Seminare zu fotografieren. Ich bedanke mich auch für die vielen anregenden Diskussionen, die ich mit Dana Duryea hatte, der mehrere Bilder (Abbildungen II-18 bis II-37) und wertvolle Einsichten beigesteuert hat, besonders für den Abschnitt »Dunkle Energien: nur wenig entwickelte Geistwesen« in Kapitel 10. Ich danke Art und Carol Schreur (Abbildung II-17) und meiner Tochter Connie (Abbildungen II-8, II-9 und II-27) für ihre Fotos. Außerdem bedanke ich mich bei allen, die meine Arbeit unterstützt haben, indem sie mir ihre Orb-Bilder schickten, auch wenn diese, aus den unterschiedlichsten Gründen, nicht in diesem Buch abgedruckt wurden.

Mein größter Dank gebührt der göttlichen Vorsehung, die mich zu diesen Fotos geführt hat, auf denen Emanationen von Geistwesen sichtbar werden. Ich danke ebenso für die Erklärungen und für die Schlussfolgerungen, die aus ihnen gezogen werden können.

Einführung

Wir sind von unsichtbaren Beobachtern umgeben

Ich war gerade zusammen mit meiner Frau an unserem langjährigen Urlaubsort an der nordkalifornischen Küste angekommen. Das Wetter war herrlich, die Luft frisch und kühl. Ich hatte meinen Laptop aufgebaut und wollte letzte Hand an dieses Manuskript anlegen. Aber es sollte nicht sein, zumindest nicht für die nächsten paar Tage.

Wenige Tage bevor wir zu unserem zehntägigen Kurzurlaub aufgebrochen waren, erhielt ich einen Telefonanruf von dem bekannten Mystiker und Heiler Ron Roth, der meinte, ich sollte mir unbedingt die Fernsehsendung *Ghost Hunters* (Geisterjäger) anschauen. Es würden dort einige Aspekte von Geistwesen zur Sprache kommen, die ich unbedingt in mein Manuskript mit einbeziehen müsse. »Ohne sie ist das Buch unvollständig«, meinte er.

Ich hatte von der Fernsehreihe gehört und sogar schon einige Sendungen gesehen. Sie hatten mich jedoch überhaupt nicht interessiert. Am selben Abend sah ich eine weitere Episode und fand auch sie langweilig. Aber später am Abend erinnerte ich mich an Bilder, die mir mein Freund Dana Duryea ein paar Wochen zuvor geschickt hatte.

Dana hatte mit seinen Mitstreitern genau die gleiche Art von »Geisterjagd« unternommen, die die Leute in der Sendung veranstaltet haben; der einzige Unterschied lag darin, dass kein großer Wirbel darum gemacht wurde. Für ihn war das, was er tat, eine ganz normale Arbeit, so als würde er Sechsklässler unterrichten oder den Tag im Büro verbringen. Er war mit seinem Team vom Hausmeister eines historischen Gebäudes in Südkalifornien, das angeblich von unfreundlichen Gespenstern heimgesucht wurde, engagiert worden. Auf den Bildern, die er mir geschickt hatte, waren seiner Meinung nach ein paar von den Gespenstern zu sehen, die für den Spuk verantwortlich waren. Er bat mich, die Aufnahmen mit dem Computer zu bearbeiten und mehr Kontrast aus ihnen herauszuholen, da er sie für den Bericht an seinen Kunden brauchte. Ich tat ihm den Gefallen und konnte tatsächlich beweisen, dass diese dunklen Wesen auf den Fotos als kleine *dunkle* Scheiben abgebildet waren und nicht als *helle* Kugeln wie bei meinen Aufnahmen von Emanationen entwickelter, »guter Geistwesen«. (Für mehr Informationen über dunkle Energie, siehe auch »Dunkle Energien: nur wenig entwickelte Geistwesen« in Kapitel 10, S. 201.)

Nachdem ich meine digitale Bearbeitung abgeschlossen hatte, fand ich das Ergebnis nicht interessant genug und hatte es nicht mit in mein Manuskript aufgenommen. Aber nachdem ich an jenem Abend die Episode von *Ghost Hunters* gesehen hatte, begriff ich auf einmal die Bedeutung der Fotos: Dunkle Geistwesen benutzen einen ganz anderen Mechanismus, um sich auf Fotos sichtbar – oder auch unsichtbar – zu machen. Sie geben kein Licht ab, sondern *absorbieren* Lichtenergie.

An dem Tag, an dem wir in den Urlaub fuhren, kamen zwei Bücher von Ron Roth an, in denen viel angestrichen worden war. In einer kurzen Anmerkung empfahl mir Ron, diese beiden Bücher gründlich zu studieren. Ich packte sie also zu unserem Gepäck, und schon fuhren wir los.

Als ich meinen Computer ausgepackt und alles vorbereitet hatte, um mit der Arbeit an dem Manuskript anzufangen, fiel meine Aufmerksamkeit wieder auf Bücher und auf noch weiteres Lesematerial, das mir Ron empfohlen hatte. Die Überarbeitung des Manuskripts musste also noch ein wenig warten. Ich begann mit dem dicken Buch von José Lacerda de Azevedo, *Spirit and Matter: New Horizons for Medicine*. Der Autor, ein Arzt, der in Brasilien studiert hatte und dort arbeitete, berichtete von seinen Erfahrungen, die er über Jahrzehnte darin gesammelt hatte, erdgebundene Seelen zu befreien und von Geistern besessene Patienten zu heilen.

Es endete damit, dass ich das Buch von vorne bis hinten las, und zwar nicht, weil ich so von seinem Inhalt begeistert war, sondern weil mich der Fokus auf negative Geistwesen irritierte und ich nach Hinweisen suchte, um mein anwachsendes Unwohlsein wieder loszuwerden. Was die Natur von Geistwesen-Emanationen anbelangte, war ich nach der Lektüre verwirrter als vorher. Das Buch erinnerte mich an die Arbeit des französischen Spiritualisten Allan Kardec, der im 19. Jahrhundert sehr bekannt war und dessen Gebete auch heute noch gesprochen werden, hauptsächlich in Brasilien und auf den Philippinen, um die Geister der Ahnen zu beschwören. Ich musste auch an das Buch *The Astral City* von Luiz Xavier denken, in dem der Autor mit unglaublichen Details die vielschichtige Struktur des nicht physischen Lebens um uns herum beschreibt. Die »andere Realität«, die in diesen Büchern beschrieben wird, hat mich auf keinem Gebiet so inspiriert wie bei meinen Untersuchungen über die Orbs, die ich letztlich als göttliche Wesenheiten betrachte, die für uns Menschen in der physischen Realität nur die besten Absichten hegen.

Ich fühlte mich blockiert in meiner Arbeit. Das Manuskript, das ich gerade beendete, schien so im Gegensatz zu dem zu stehen, was ich gerade gelesen hatte, dass ich nicht in der Lage war, mich auf das Schreiben zu konzentrieren. Während ich betonte, was für ein Privileg es ist, dass hoch entwickelte Geistwesen sich uns zu erkennen geben, berichtete Lacerda hauptsächlich davon, welche verheerenden Auswirkungen Geistwesen auf uns haben können. Nachdem ich sein Buch gelesen hatte, kamen mir große Zweifel, ob mein Buch für den Leser überhaupt von Interesse ist.

Um meine Bedenken zu zerstreuen, hielt ich mir vor Augen, dass wir normalen Menschen gewöhnlich keine direkte Wahrnehmung von der bloßen Existenz der geistigen Welt haben, die uns umgibt. Ist es nicht unglaublich raffiniert, dass wir dazu bestimmt sind, unser Leben zu führen und unser Bewusstsein zu erweitern, indem wir liebevolle Menschen werden, ohne jemals wirklich zu wissen, woher wir kommen und wohin wir gehen? Wie herrlich ist doch die Weisheit des Schöpfers! Indem wir keine direkte wissenschaftlich nachvollziehbare Einsicht in die göttliche Wirklichkeit haben, gibt uns ER/SIE/ES die Gelegenheit, uns aus freien Stücken heraus für das Gute zu entscheiden und so wirklich bewusst zu werden.

Am siebten Tag unseres Urlaubs erhielt ich eine ungewöhnliche E-Mail. Sie stammte von meiner Tochter, die in Südkalifornien als Grundschullehrerin arbeitet. Obwohl sie dem Thema, ob man Geistwesen-Emanationen bildlich festhalten konnte, das mich die letzten Jahre so fasziniert hatte, eher skeptisch gegenüberstand, schickte sie mir ein paar Aufnahmen, die sie bei eine Theateraufführung der Schule gemacht hatte. Auf den Fotos waren mehrere gestochen scharfe Lichtwesen an der Seite der Kinder zu sehen. »Schau dir das an – ziemlich beeindruckend!« war ihr ganzer Kommentar.

Diese einfache Botschaft rückte alles wieder ins rechte Licht. Ja, auch wenn es ein paar fehlgeleitete dunkle Geistwesen gibt, die unsere Aufmerksamkeit erregen wollen, sind wir tatsächlich von unzähligen hoch entwickelten Geistwesen umgeben, die hier sind, um uns zu helfen, uns zu inspirieren und uns zu zeigen, wie wir mit all den Herausforderungen fertig werden, mit denen wir täglich in der physischen Realität konfrontiert sind. Sie sind zu keinem anderen Zweck hier, als uns konstruktiv in jeder Lebenssituation zu unterstützen – sei es, die richtigen Entscheidungen zu treffen oder uns vor Unheil zu bewahren. »Ziemlich beeindruckend«, in der Tat! Die Anwesenheit von Geistwesen gibt uns die wunderbare Gewissheit, dass wir nicht allein sind. Wir sind aus einem bestimmten Grund hier, unser Leben hat einen Sinn im großen Ganzen, und die geistige Welt ist sehr an uns interessiert und möchte, dass wir unser Leben für das nutzen, für das wir geschaffen sind.

Genauso wie in der physischen Realität Gut und Böse nebeneinander existieren, so wird auch die geistige Welt von hoch entwickelten (guten) und weniger entwickelten (dunklen oder bösen) Geistwesen bevölkert. Wenn wir uns nur mit den dunklen Wesen beschäftigen, werden wir uns nicht weiterentwickeln. Unsere Aufgabe besteht darin, die positiven Kräfte in beiden Realitäten zu stärken.

Mein erster Kontakt mit Geistwesen

Selbst vor ein paar Jahren noch hätte ich auf jemanden, der behauptet hätte, Geistwesen fotografiert zu haben, mit einer Mischung aus höflichem Unglauben und schroffer Ablehnung reagiert. Meine Skepsis wäre sogar noch stärker gewesen, wenn mir diese Person dann noch erzählt hätte, dass sie die Fotos identifizieren könne und es sich bei den Abbildungen um Emanationen von Heiligen und anderen hoch entwickelten geistigen Wesenheiten handeln würde.

Viele Menschen haben überhaupt keine Probleme damit, solche Geschichten zu glauben. Andere blockieren sofort, wenn sie etwas hören, was nicht in ihr gewohntes Denkschema passt. In der vordersten Linie dieser Art von Menschen stehen in der Regel die, deren Denken – wie bei mir selbst – stark durch die formale Ausbildung in den Ingenieurswissenschaften geprägt wurde. Wir brauchen stichhaltige Beweise, um unsere Sichtweise zu verändern.

Ich habe mich an der Universität viel mit Experimentalphysik befasst und viele Jahre damit verbracht, auf dem Gebiet der Oberflächenphysik und Oberflächenchemie zu forschen und zu lehren. Mir standen dabei hoch entwickelte Geräte wie Elektronenspektroskope und leistungsstarke Vakuum-Elektronenmikroskope zur Verfügung, mit einer optischen Auflösung bis hinunter auf die Ebene des Atomkerns. Von daher hatte ich schon vorher Einblicke in die Welt jenseits des Physischen und auch viel darüber geschrieben. Ich gehörte zu den Wissenschaftlern, die der Ansicht sind, dass unsere Existenz nicht nur von dem bestimmt wird, was wir mit den jeweils neuesten wissenschaftlichen Möglichkeiten und Instrumenten sehen, anfassen, riechen, hören, messen und ausrechnen können.

Dennoch ist es nicht leicht, über seinen eigenen Schatten zu springen. Viele Jahre lang habe ich mich darum bemüht, die Denkweise, die ich mir angeeignet hatte und die weit über die Begrenzungen der physischen Realität hinausging, mit den Gesetzmäßigkeiten des physikalischen Universums in Einklang zu bringen, die mir sagen, was sein kann und was nicht sein kann. Besonders meine Bücher *Consciousness or Entropy?* und *Expanding Perception* waren Versuche, diese Kluft zu überbrücken.

Meine erste Erfahrung mit dem Fotografieren von Orbs hatte ich am 26. September 2004. Sie bedeutete einen gewaltigen Schritt in die Richtung, einen klaren physikalischen Beweis für die Existenz nicht physischer Spären zu erbringen.

Ich biete meine Forschungsergebnisse denen an, die zwar tief in ihrem Herzen wissen, welchen Platz sie in der sich entfaltenden Schöpfung einnehmen, die aber dennoch nach konkreten Beweisen suchen, weil sie Gewissheit haben wollen, dass ihre Intuition richtig ist.

Bislang ist es noch nicht gelungen, Geistwesen-Emanationen tatsächlich nachzuweisen. Der eindeutige Beweis, dass es so etwas gibt – der von Skeptikern nicht länger als Einzelfall abgetan werden könnte –, wurde noch nicht erbracht, zumindest nicht mit der Bestimmtheit, die einen typischen Naturwissenschaftler (Physiker, Chemiker, Ingenieur) überzeugen würde.[1] Ich möchte Sie mit ein paar Tatsachen bekannt machen, die meinen persönlichen Hunger nach Beweisen stillten und klar zeigen, dass das, woran ich lange geglaubt hatte, tatsächlich unwiderlegbar wissenschaftlich bewiesen werden kann.

Die folgenden Kapitel enthalten – mit wenigen Ausnahmen, die klar gekennzeichnet sind – nur Bilder, die ich selbst fotografiert oder bezeugt habe. Ich benutzte dafür verschiedene hochwertige, dem neuesten Stand der Technik entsprechende Digitalkameras unter experimentellen Bedingungen, die technisch und wissenschaftlich einwandfrei waren. Die Aufnahmen zeigen keine Lichtbrechung von Staubkörnern, Wassertropfen oder atmosphärischem Dunst und auch nicht irgendwelche anderen Beeinträchtigungen. Sie sind auch nicht durch Abbildungsfehler der Kameralinse oder elektronische Störungen zustande gekommen. Es handelt sich vielmehr um reale physikalische Abbildungen der fotografierten Objekte.

Auf den vor uns liegenden Seiten werden wir in die Welt hoch entwickelter Geistwesen eintauchen. Wir werden sehen, was sie uns mitzuteilen haben!

Klaus Heinemann

Der Beweis

Orbs als Emanationen von Geistwesen

Die Erscheinungen, die Thema dieses Buchs sind, werden gemeinhin als Orbs bezeichnet. Dennoch möchte ich sie lieber wortreicher *Abbildungen von Geistwesen-Emanationen* nennen. Der Grund, warum ich diese ungewöhnliche Beschreibung benutze, beruht auf Schlussfolgerungen, die ich aus meinen Forschungen gezogen habe. Vor dem Hintergrund dessen, was ich inzwischen weiß, erscheint mir das Wort »Orb« zu allgemein und nicht respektvoll genug zu sein. Es wäre etwa so, als würden wir Mitglieder des Königshauses abfällig als die »von John« oder »von Jack« bezeichnen oder erhabene Weisheitslehren als Anekdoten abtun.

Das Wort »Emanation« hat die lateinische Wurzel *ex mano*, was wörtlich »von der Hand« oder »aus der Hand kommend« heißt. Die Bedeutung des Wortes hat sich gewandelt. »Ein Ausstrahlen oder Ausströmen aus einer bestimmten Quelle stammend« oder »der Prozess des Hervortretens und Sichtbarwerdens« – das ist heute offensichtlich damit gemeint und beschreibt ziemlich genau die Bedeutung von Emanation, die ich im Sinn habe.

Was ist also eine Geistwesen-Emanation? Was strahlt aus, strömt aus oder tritt hervor? Von was strahlt oder strömt etwas aus oder tritt etwas hervor? Und in welchem Ausmaß ist das, was ausstrahlt, ausströmt oder hervortritt ein echter Ausdruck der Quelle, aus der es ausstrahlt, ausströmt oder hervortritt? In Kapitel 10 werde ich diese Fragen im Detail beantworten. An dieser Stelle möchte ich eine einfache Metapher benutzen, die Ihnen helfen kann, den Unterschied von Bildern von Geistern und Bildern von Geistwesen-Emanationen zu erkennen.

Stellen Sie sich vor, Sie sitzen im Flugzeug. Es ist spät am Abend, das Wetter ist völlig klar, und Sie schauen aus dem Fester auf die vollkommen dunkle Landschaft unter Ihnen. Zufällig bemerken Sie ein paar sich langsam bewegende Lichter. Sie scheinen auf einer unsichtbaren Linie entlangzuwandern. Einige bewegen sich in die eine Richtung, andere in die entgegengesetzte. Sofort haben Sie die Assoziation, dass es sich um Autos handelt, die unter Ihnen auf einer Straße fahren. Und sofort denken Sie daran, dass diese Autos von Menschen gesteuert werden, die genau so sind wie Sie. Vielleicht fragen Sie sich, wer diese Menschen sind und was sie wohl gerade denken mögen.

Was wäre aber, wenn Sie noch nie zuvor ein Auto gesehen hätten? Nehmen wir an, Sie wären im tiefsten Dschungel aufgewachsen und hätten den Urwald noch nie verlassen. Und jemand wäre in Ihr Dorf gekommen, hätte Ihnen die Augen verbunden, Sie in ein Flugzeug gesetzt und Ihnen die Augenbinde erst nach Einbruch der Dunkelheit abgenommen, während Sie immer noch oben in der Luft sind. Welche Schlussfolgerungen hätten Sie gezogen, wenn Sie aus dem Fenster geschaut und die sich bewegenden Lichter unter Ihnen gesehen hätten? Vollkommene Dunkelheit vorausgesetzt, hätten Sie bestimmt angenommen, dass da draußen irgendwelche Wesen sind, die wie sich bewegende helle Lichter aussehen und sich völlig von Ihnen unterscheiden.

Zum einen Teil wäre Ihre Schlussfolgerung: Ja, da unten gibt es tatsächlich andere Wesen. Dann kommen aber große Irritationen auf: Denn der physische Körper der Wesen dort unten würde sich völlig von den weißen Lichtkreisen, die von ihnen – oder besser: ihrem Fahrzeug – ausströmen, unterscheiden. Die Lichter sind nicht die Wesen selbst, aber sie stammen von ihnen, werden von ihnen ausgestrahlt. Sie werden von ihnen gesteuert, kontrolliert, und sie bewegen sich in Mustern, die dem Willen der Wesen entspringen, aber auf keinen Fall geben die Lichtkreise ein Gesamtbild dieser Wesen wieder!

Wenn wir jetzt aus dieser Metapher in Bezug auf das Fotografieren von Orbs den Schluss zögen, dass es sich bei diesen Lichtpunkten um Wesen handeln würde, dann hätten wir das Eigentliche nicht erfasst. Weitaus angemessener ist es, sie als »Emanationen von Wesen« zu bezeichnen. Einen Orb lediglich als ein Geistwesen zu betrachten, wäre in gleicher Weise unzutreffend. Wenn wir aber sagen, dass es sich dabei um »Geistwesen-Emanationen« handelt, erfassen wir das Wesentliche schon sehr viel besser und kommen der Realität dieses Phänomens näher.

Wir müssen uns jedoch auch klarmachen, dass nicht alle Orbs, die auf den Fotos sichtbar sind, auch Emanationen von Geistwesen sein müssen. Bilder von Wassertröpfchen oder mikroskopisch kleinen Luftpartikeln, die sich in unmittelbarer Nähe der Kameralinse befinden, können leicht mit Emanationen von Geistwesen verwechselt werden. Wir müssen also genau unterscheiden, wenn wir das, was auf den Fotos ist, interpretieren wollen. In dem Abschnitt »Die

Skeptiker widerlegen« in Kapitel 9 (s. S. 168) weise ich auf die Unterschiede zwischen Emanationen von Geistwesen und einfachen, banalen Brechungen und Reflexionen auf der Kameralinse hin.

Ich werde Ihnen Fotos zeigen, die beweisen, dass es sich um echte Bilder von Geistwesen-Emanationen handelt und nicht um belanglose optische Effekte. Zu diesen Beweisen zählen:

- Verdecken des Bildes durch ein Objekt, das sich zwischen dem Orb und der Kamera befindet.

- Nachweis, dass sich ein Orb mit hoher Geschwindigkeit während der Aufnahme bewegt.

- Nicht symmetrische Strukturen im Inneren des Orbs.

- Aufeinanderfolgende Fotos, die zeigen, dass derselbe Orb unterschiedlich groß und an verschiedenen Orten sein kann und/oder sich in verschiedene Richtungen dreht.

- Aufnahmen desselben Orbs, aufgenommen mit verschiedenen Kameras am gleichen Ort, aus dem gleichen Winkel oder an verschiedenen Orten mit unterschiedlichem Winkel.

- Simultane (»Stereo«-)Aufnahmen mit zwei Kameras.

In diesen Kapiteln konzentriere ich mich auf Fotos von Geistwesen-Emanationen und erkläre, welche Bedeutung diese Bilder haben. Mir geht es dabei nicht um eine mög-

lichst vollständige Sammlung von Argumenten, warum sich
auf dem Bild eine Geistwesen-Emanation befindet oder
nicht. Ein solcher Beweis ist nicht mein primäres Anliegen,
sondern eher sekundärer Natur. Ich habe daher nur Bilder
ausgewählt, die in Situationen gemacht wurden, die mir bekannt waren und in denen ich die volle Kontrolle über die
Kamera und die örtlichen Umstände hatte. Nur so habe ich
das Vertrauen, alle nicht authentischen Orb-artigen Gebilde
schon im Ansatz auszuschließen. Aus diesem Grund be-
schränke ich mich auf Fotos, die entweder ich selbst, meine
Frau oder enge Freunde in Situationen gemacht haben, bei
denen ich anwesend war. Um die Authentizität der Phänomene zu unterstreichen, die ich Ihnen in diesem Buch vor-
stelle, habe ich genau auf die experimentellen Umstände geachtet, in denen die Fotos zustande kamen.

Wie alles anfing

Die ersten Orb-Bilder, die ich jemals gemacht habe (Abbildung II-1) stammen von einem Heilungsseminar mit Ron
Roth und wurden am 26. September 2004 in einem Hotel
in der Nähe von Chicago aufgenommen.[2] Das Bild wurde
vor der Hauptbühne eines großen Festsaals gemacht, und
als Hintergrund diente eine dunkle Wand.[3] Ein gleichsei-
tiges Dreieck aus Holz mit einer Seitenlänge von schät-
zungsweise einem halben Meter hing in einer Entfernung
von nicht ganz einem Meter zur Wand über einem Tisch mit
religiösen Insignien; die Person, die auf dem Foto abgebildet
ist, stand direkt am Tisch.

Achten Sie in Abbildung I-1a auf das kreisförmige Gebilde in der oberen Ecke des Dreiecks und auf das extrem klare Gebilde über dem Kopf der Person in Abbildung I-1b. Es handelt sich dabei nicht um eine Glühbirne oder eine andere Lichtquelle. In einer Serie von zehn Bildern, die ich bei diesem Seminar in einem Zeitraum von ungefähr zehn Minuten aufnahm, erschien dieses besondere Gebilde nur ein Mal. Niemand der Anwesenden bemerkte es, und ich nahm es ebenfalls nicht wahr, als ich das Foto machte.

Als ich am gleichen Abend die Bilder auf meinen Computer lud, entdeckte ich die helle Scheibe und war sprachlos. Aufgrund ihrer umwerfenden Helligkeit war es kein Wunder, dass ich sie sofort bemerkte. Es war das erste Bild dieser Art, das ich jemals zu Gesicht bekommen hatte. Es ist auch der hellste Orb, den ich jemals fotografiert habe, obwohl ich in den folgenden Monaten noch von vielen leuchtenden Orbs Bilder machen konnte.

Meine erste Reaktion waren Zweifel und Skepsis. Ich suchte nach allen möglichen anderen Erklärungen. Ich ging zurück in den Saal und schaute mir an, was sich tatsächlich in diesem Raum befand. Ich fand keinen Beweis für eine Lichtquelle an diesem Ort. Jede Art von Reflexion von irgendeiner anderen Lichtquelle konnte definitiv ausgeschlossen werden. Meine Kamera war in bestem Zustand. Unter den vielen Bildern, die ich in der kurzen Zeit vor und nach dieser Aufnahme am gleichen Ort gemacht habe, war kein einziges Bild, das dieses gestochen scharfe Gebilde zeigte, wodurch die Möglichkeit einer defekten Kamera oder anderer optischer Abweichungen ausgeschlossen war.

Nachdem ich die anderen Bilder, die ich an jenem Tag machte, untersucht hatte und auf mehreren ähnliche unerklärliche Gebilde fand, dämmerte mir, dass ich einem *realen*

Phänomen auf der Spur war. Diese Aufnahmen zeigten Gebilde, die physikalischer Natur waren und mit einer Digitalkamera eingefangen werden konnten. Dennoch hatte ich sie nicht mit bloßem Auge gesehen, und es gab auch keine plausible Erklärung für ihre Existenz, die mich vom wissenschaftlichen Standpunkt her befriedigt hätte.

Diese Entdeckung führte zu einer intensiven Untersuchung solcher Phänomene, die schließlich in meinem Beitrag für dieses Buch gipfelte. Ich tat das, was man aus wissenschaftlicher Sicht tun konnte: sich anschauen, was bereits über dieses Thema geschrieben bzw. veröffentlicht worden war; eine Testreihe entwickeln, die eine Reproduzierbarkeit der Beobachtungen ermöglichte; die experimentellen Parameter bestimmen, unter denen der Effekt beobachtet werden konnte; versuchen, eine plausible Erklärung für die Untersuchungsergebnisse zu finden; allgemeine Schlussfolgerungen aus dem zu ziehen, was ich in Erfahrung gebracht hatte.

Ich schaute mir außerdem bestimmt über 1000 digitale Fotos an, die ich auf früheren spirituellen Veranstaltungen gemacht hatte. Da ich jetzt wusste, wonach ich suchte, konnte ich eine Anzahl ähnlicher Gebilde identifizieren, die ich zuvor einfach nicht wahrgenommen hatte. Einige dieser Bilder sind weiter unten aufgeführt. Seit meiner ersten Erfahrung mit einem Orb nahm die Häufigkeit von Orb-Gebilden auf meinen Fotos sprunghaft zu, von durchschnittlich einem Orb pro 50 Bilder, aufgenommen im Jahr 2002, bis hin zu mehreren Orbs pro Bild, wie ich es heute bei ähnlichen Gelegenheiten mache – ein Anstieg um das Hundertfache!

Da ich inzwischen davon überzeugt bin, dass es sich bei den Gebilden, die ich fotografiert hatte, um Emanationen

von im hohen Grade bewussten Geistwesen handelt, fragte
ich mich, was der wirkliche Grund dafür sein konnte, dass
der erste Orb, den ich jemals fotografierte, gleichzeitig der
hellste war.

Ich glaube nicht an einen glücklichen Zufall, denn ich
bin davon überzeugt, dass es in der geistigen Welt keine
Zufälle gibt, da alles mit allem zusammenhängt. Ich glaube,
es geschah, weil *sie* meine Aufmerksamkeit erregen wollten.
Sie wussten, dass ich auf das vorbereitet war, was ich sehen
sollte. Ich befand mich an einem Punkt in meinem Leben,
an dem ich derartige Phänomene nicht mehr als Unsinn abtun konnte. Ich hatte angefangen, über sie nachzudenken
und den ehrlichen Versuch einer Erklärung zu unternehmen,
die nicht durch meinen wissenschaftlichen Skeptizismus beeinflusst wurde. Ein guter Freund und eine zutiefst spirituelle und hellsichtige Person (es handelt sich dabei um den
Mann, der in Abbildung II-1 zu sehen ist) bot mir diese Erklärung an: »Sie wollten fotografiert werden; sie wussten,
dass die Zeit gekommen war und die Menschen sehen sollten, dass es sie wirklich gibt!« In ihrem Buch *Prophecy* bestätigt die Hellseherin und spirituelle Lehrerin Sylvia Browne
diese Vermutung, indem sie feststellt, dass die Häufigkeit,
mit der Orbs gesichtet werden »in letzter Zeit stark zugenommen hat«.

Seit meiner ersten Begegnung mit Orbs habe ich Tausende von ihnen fotografiert und dabei gelernt, welche Bedingungen und Kamera-Einstellungen am besten geeignet
sind, um sie sichtbar werden zu lassen. Wir wollen uns jetzt
diese Faktoren einmal näher anschauen.

Abbildung II-1: Diese Fotos wurden am 26. September 2004 mit einer Digitalkamera und Blitzlicht in einem zeitlichen Abstand von ungefähr einer Minute auf einem von Geistwesen geleiteten Heilseminar von Ron Roth aufgenommen.

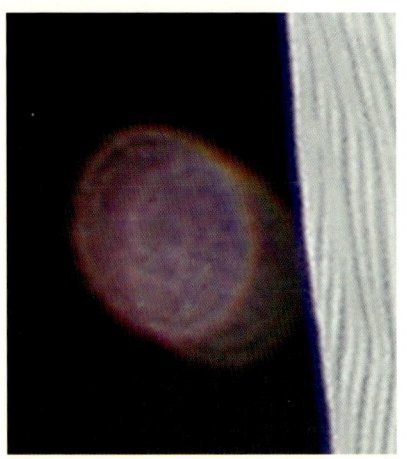

Abbildung II-2: Ein Geistwesen in Bewegung. Die Geschwindigkeit in dieser Abbildung wird auf 300 km/h geschätzt. (Das untere Bild ist eine Vergrößerung des oberen Fotos.)

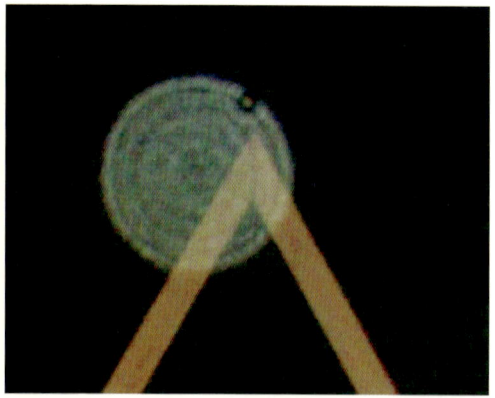

Abbildung II-3: Detail-Vergrößerung von dem Orb, der in Abbildung II-1a zu sehen ist, nach elektronischer Kontrastverstärkung.

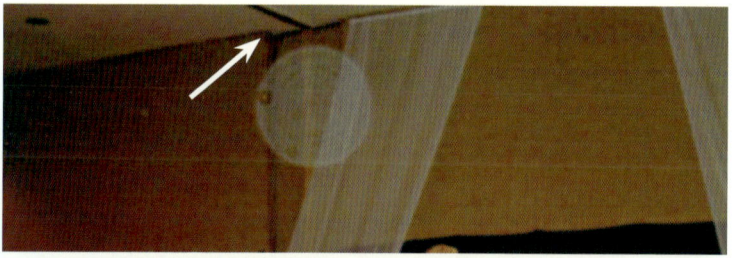

Abbildung II-4: Veränderung von Größe und Position des offensichtlich gleichen Geistwesens, fotografiert im Abstand von ein paar Sekunden auf einer Einsegnungsfeier, die am 4. Februar 2003 stattfand. Der Pfeil deutet auf einen festen Bezugspunkt an der Wand/Decke.

Abbildung II-5: Farbbearbeitung eines Bildes, das am 26. September 2004 aufgenommen wurde; ohne Farbver-änderung (oben) und mit Farbveränderung (unten).

Abbildung II-6: »Auf und ab wandernde« Emanationen von Geistwesen begleiten einen Redner.

Abbildung II-7: Auf einer Geburtstagsfeier am 6. März 2005. Der große Orb auf der rechten Seite des unteren Fotos befindet sich hinter dem Jesus-Bild.

Abbildung II-8: Bei einer Theatervorführung einer Schule am 24. März 2005 in Südkalifornien. Der hellste Orb leuchtet fast so stark wie das weiße Poster mit der »13«.

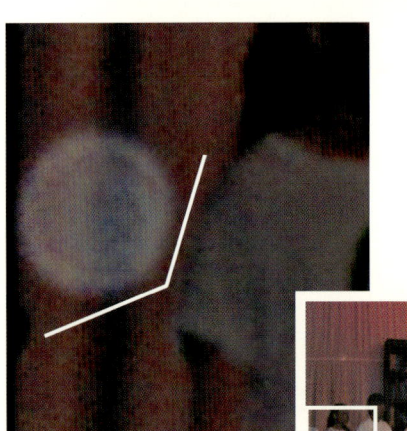

Abbildung II-9: Die Fotos wurden am 8. Juni 2006 an derselben Schule gemacht wie Foto II-8 (oben). Offensichtlich handelt es sich in beiden Aufnahmen um denselben Orb, der nur seine Position, Größe und Drehung verändert hat. Von seiner inneren Struktur her unterscheidet er sich dagegen ziemlich von dem Orb, der vor einem Jahr aufgenommen wurde.

Abbildung II-10: Auf diesem Bild, das meine Enkelin mit meinem Sohn zeigt, sind nicht weniger als zehn Emanationen von Geistwesen zu sehen. Ein Orb ist ziemlich hell und befindet sich an drei verschiedenen Standorten. Dies bedeutet, dass er sich während der kurzen Belichtungszeit bewegt und an drei Stellen innegehalten hat.

Abbildung II-11: Das Haus von Dom Inácio in Abadiânia (Brasilien); aufgenommen am 24. Januar 2004 im großen Gemeinschaftsraum (oben) und im Garten (unten).

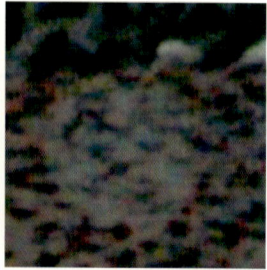

Abbildung II-12: Ein Geistwesen zeigt sich bei einem Intensivseminar, das Ron Roth am 26. September 2004 durchführte, unter einem »Gebetskorb«.

Abbildung II-13: Der Geistliche Ron Roth dankt einer Sängerin für ihren gelungenen Beitrag zum Gottesdienst.

Abbildung II-14: Eine sehr helle Geistwesen-Emanation in schneller Bewegung platziert sich unter dem Bild des »lachenden Jesus« auf dem Altar (7. März 2006 auf einem Retreat mit Ron Roth in Chicago).

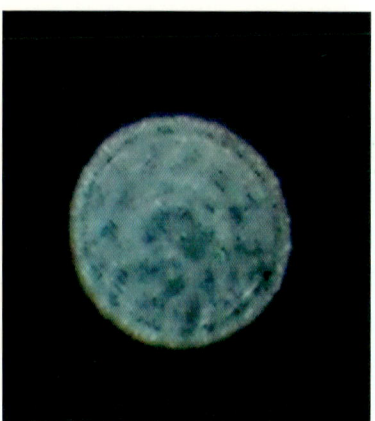

Abbildung II-15: Eine große Geistwesen-Emanation befindet sich über einem großen Bild von Jesus (75 x 75 cm), das in der Nähe des Altars stand (7. März 2006 auf demselben Retreat). Unten: vergrößert und kontrastverstärkt.

Abbildung II-16: Ein Repräsentant der *Oneness University* in Golden City, Indien, hält am 11. November 2005 einen Vortrag auf Ron Roths Intensivseminar. Am Anfang seiner Präsentation waren nur wenige Emanationen von Geistwesen sichtbar, gegen Ende dagegen Hunderte (rechtes Bild).

Abbildung II-17: Eine große Anzahl von Geistwesen befindet sich im Juni 2006 unter der Decke eines großen Saals bei einer festlichen Weinprobe in Scottsdale (Arizona).

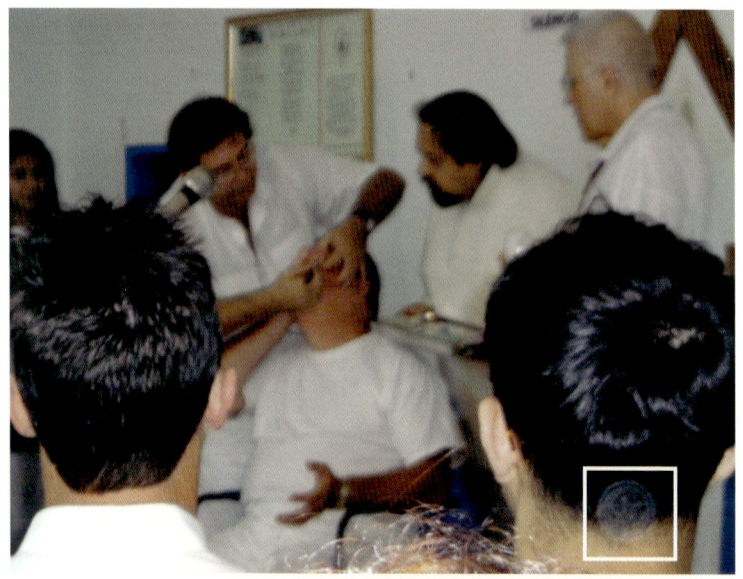

© Dana Duryea (aufgenommen in meiner Gegenwart)

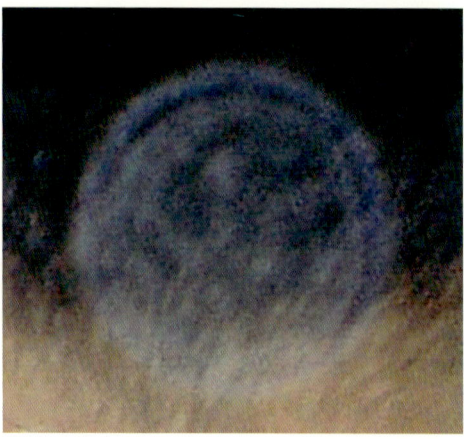

Abbildung II-18: João de Deus führt am 20. Mai 2005 eine sichtbare Operation im Haus von Dom Inácio in Abadiânia durch. Ein Orb »bearbeitet« einen Zuschauer.

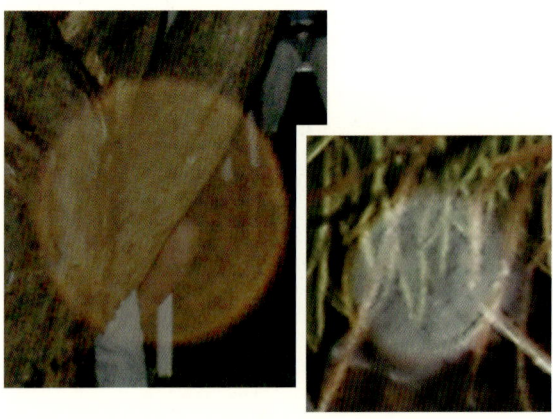

Abbildung II-19: Ron Roth lehrt während eines Besuchs von João de Deus in einem Gasthof in Abadiânia. (Das weiße Gebilde am unteren Ende des großen Orbs ist ein Teil vom Bein eines Zuschauers, der hinter dem Baum sitzt; das Geistwesen selbst befindet sich vor dem Baum.)

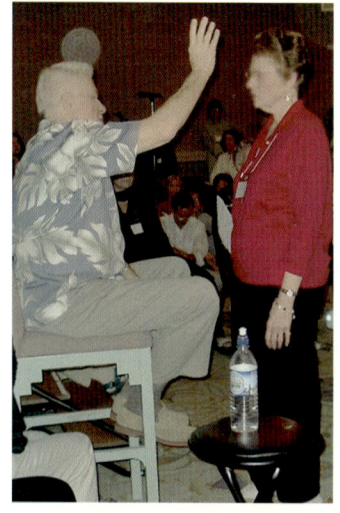

Abbildung II-20: Unter der Regie von Geistwesen durchgeführte Heilung (während des Intensivseminars mit Ron Roth am 26. Februar 2002 in Scottsdale). Die Geistwesen-Emanation befindet sich eindeutig hinter dem Kopf von Ron Roth.

Abbildung II-21: Nächtliche Straßenszene in Abadiânia, aufgenommen am 23. Mai 2005. Der Orb (im rechten Bild vergrößert) wurde von einer hellsichtigen Person als eine hoch entwickelte geistige Wesenheit identifiziert. Er befindet sich im Inneren eines Busches und ist teilweise von Blättern verdeckt. (Der helle Fleck in der Mitte des Fotos ist der aufgehende Mond.)

Abbildung II-22: Ron Roth hält einen Lehrvortrag vor einem großen Publikum. Eine zweite Geistwesen-Emanation befindet sich auf der linken Bildseite unmittelbar vor der Video-projektionsfläche. Unten: Vergrößerungen der oben markierten Ausschnitte.

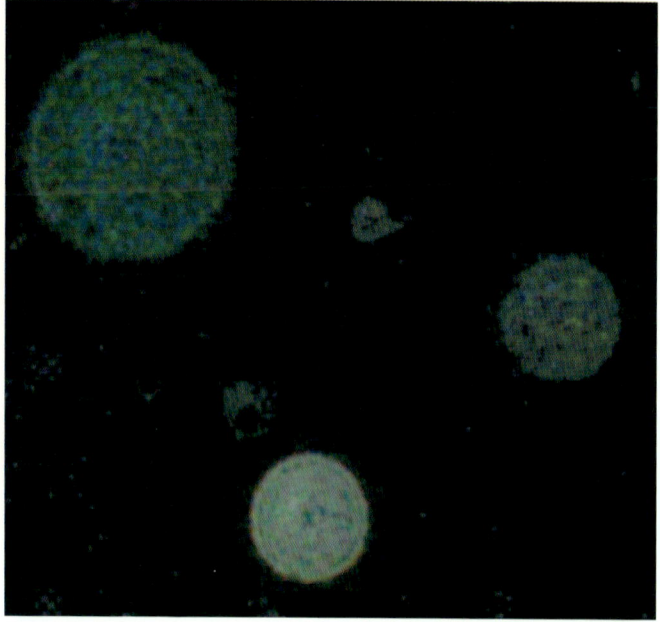

Abbildung II-23: Emanationen von Geistwesen (und von Naturgeistern) am Nachthimmel über einem Gästehaus in Abadiânia (aufgenommen am 20. Mai 2005). Ich halte die kleineren Orbs für Aufnahmen von Naturgeistern. Unten: Vergrößerungen der oben markierten Ausschnitte.

Abbildung II-24: Sechs Emanationen von Geistwesen sind auf dieser Heilveranstaltung mit Ron Roth anwesend (2. Februar 2003). Der Orb am Arm des Heilers scheint eine besonders zweckmäßige Position eingenommen zu haben. Der große Orb auf der rechten Seite ragt sonderbarerweise nicht über den Vorhang hinaus und wird nicht vor dem schwarzen Hintergrund sichtbar.

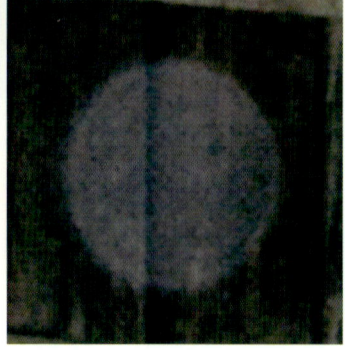

Abbildung II-25: Auf dem Mammutbaum-Seminar in Ben Lomond (Kalifornien); aufgenommen am 11. Juni 2005. Zwei Orbs zeigen ihre Anwesenheit, nachdem ich sie speziell darum gebeten hatte.

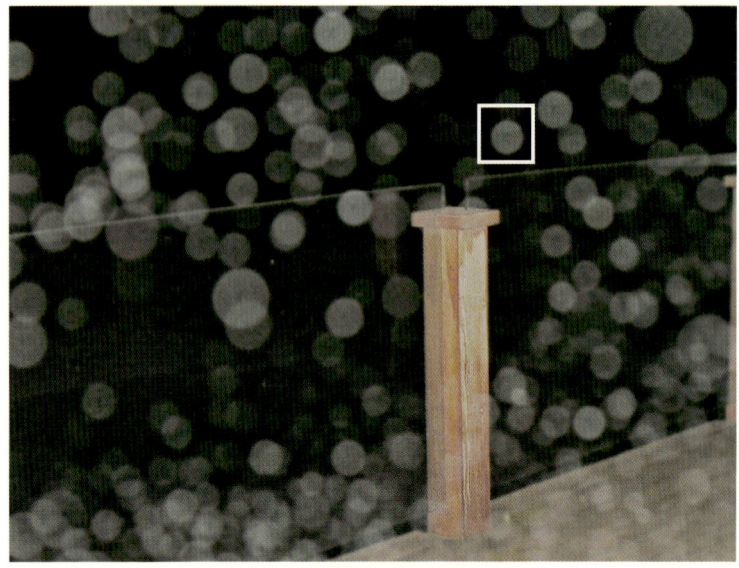

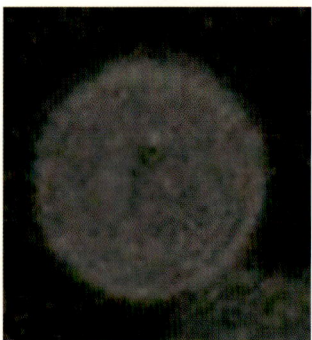

Abbildung II-26: »Falsche« Bilder von Orbs. Sie kamen dadurch zustande, dass feine Wassertröpfchen mit einer Sprühflasche vor der Kameralinse verteilt wurden. Ihre innere Struktur (siehe vergrößerter Ausschnitt) ähnelt sehr dem inneren Muster echter Orbs.

Abbildung II-27: Zum größten Teil handelt es sich hier um »falsche Orbs«. Das Foto wurde in einem staubigen Raum gemacht, der zum Umbau vorbereitet worden war. Der gekennzeichnete Ausschnitt (unten links) ist vergrößert und nachträglich farbbearbeitet (unten rechts). Der rechte obere Orb sticht hervor.

Abbildung II-28: Orbartige Gebilde auf einem Foto, das auf einer staubigen Straße in Chennai (Indien) aufgenommen wurde. Der Ausschnitt mit dem Fahrrad wurde vergrößert (unten) und der Kontrast leicht verstärkt. Zahllose dieser lichtschwachen »falschen Orbs« vernebeln buchstäblich das Bild.

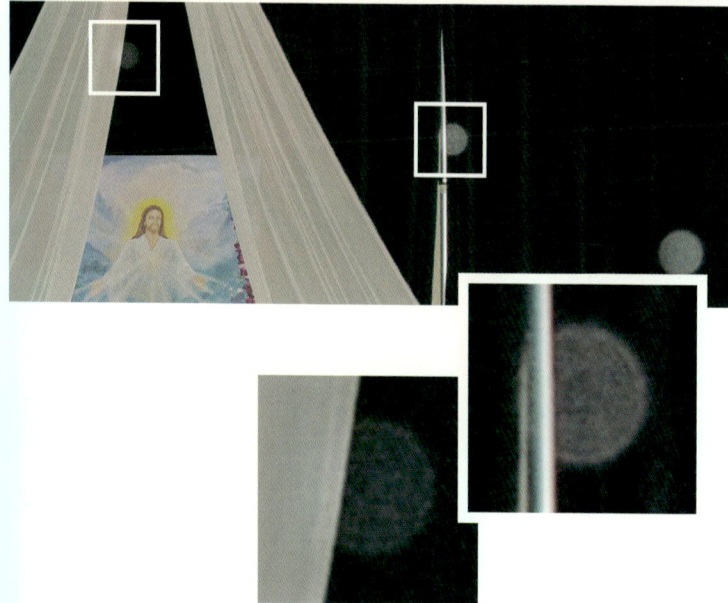

Abbildung II-29: Auf einem Gebets-Retreat mit Ron Roth am 11. November 2005. Zwei Orbs werden teilweise von Objekten bedeckt, die sich zwischen ihnen und der Kameralinse befinden (siehe Vergrößerungen).

Abbildung II-30: Mönche beim Gebet (26. Februar 2002); nicht elektronisch bearbeitet. Oben links auf dem Foto ist das leuchtende Abbild einer Geistwesen-Emanation zu sehen, die sich bewegt. Dies unterstreicht die Echtheit des fotografierten Geistwesens.

Abbildung II-31: Auf einem Gebets-Retreat mit Ron Roth (11. November 2005). Die beiden Fotos wurden innerhalb von einer Minute gemacht und nicht elektronisch bearbeitet. In beiden Bildern bescheinigt schon die starke Leuchtkraft, dass es sich um echte Emanationen von Geistwesen handeln muss.

Abbildung II-32: Oben: Stereobild, aufgenommen mit zwei Digitalkameras, aber mit nur einem Blitzlicht. Es zeigt, dass sich die Person hinter den Pflanzen befindet und die linke Pflanze mehr im Vordergrund ist. Unten: Vergrößerung der betreffenden Bildausschnitte. Sie zeigen Emanationen von Geistwesen von unterschiedlicher Größe und Position.

Abbildung II-33: Stereobild, aufgenommen mit zwei Digitalkameras und einem (vollsynchronisierten) Blitzlicht in einem dunklen Hotelzimmer. Drei Orbs sind auf dem linken Foto zu erkennen.

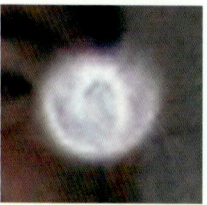

© Art Runningbear

Abbildung II-34: Dieses Bild (das nicht digital nachbearbeitet wurde) erschien, nachdem die abgebildete Person sich auf ein starkes Gedankenfeld in der Nähe ihres Kopfes konzentriert hatte und dann darum bat, das Foto zu machen.

Abbildung II-35: Ein leicht veränderter Ausschnitt aus den beiden Fotos in Abbildung II-1 nach identischer Farbveränderung. Die grünen Punkte sind das Energiefeld, das in der oberen Abbildung den Rumpf und den Kopf der fotografierten Person, das Dreieck sowie das Geistwesen am Dreieck umgibt; grüne Punkte befinden sich jedoch nicht um den leuchtenden Orb in der unteren Abbildung.

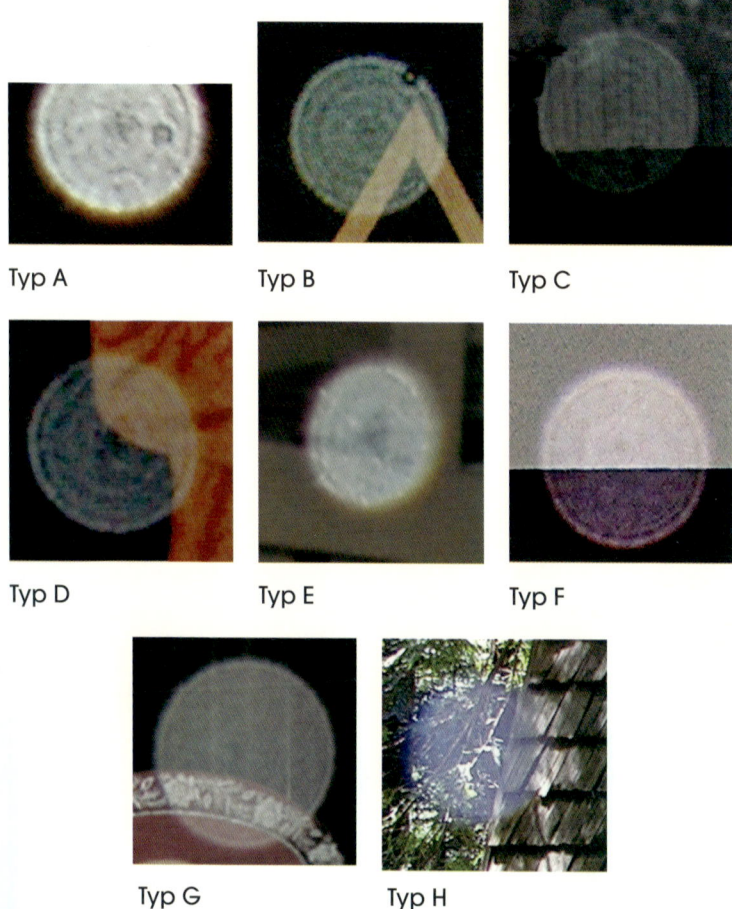

Typ A Typ B Typ C

Typ D Typ E Typ F

Typ G Typ H

Abbildung II-36: Typen verschiedener Emanationen von Geistwesen:

Typ A: extrem hell, starke innere Struktur, unbeeinflussbar durch Farbveränderung; *Typ B:* geringere Intensität; rundes »Auge« *Typ C:* lineare Struktur; *Typ D:* »Auge« im Zentrum; *Typ E:* hohe Leuchtkraft, weniger innere Strukturen, unregelmäßige helle Punkte; *Typ F:* keine starke Leuchtkraft, kein »Auge«, mandalaartiges Muster; *Typ G:* geringe Leuchtkraft und deutlich sichtbare Peripherie, aber überhaupt keine innere Struktur; *Typ H:* hohe Leuchtkraft, äußere Begrenzung hat wenig Kontrast, keine inneren Muster.

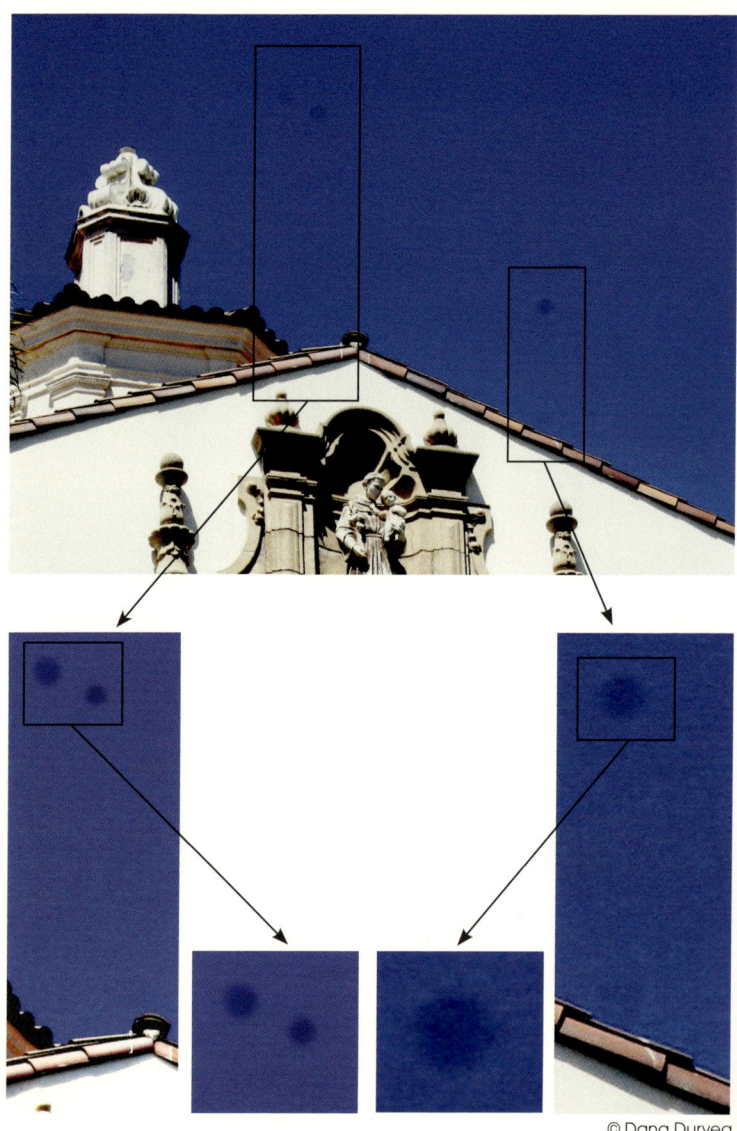

© Dana Duryea

Abbildung II-37: Aufnahmen dunkler Geister, die über einem historischen Gebäude in Santa Barbara, Kalifornien schweben (kontrastverstärkt).

Grundlegende Voraussetzungen für das Fotografieren von Geistwesen-Emanationen

Blitzlicht und Beweglichkeit

Mir fiel auf, dass Abbildungen von Geistwesen-Emanationen nur auf den Fotos erschienen, die mit Blitzlicht aufgenommen worden waren. Wenn ich Aufnahmen bei Tageslicht machte, wurden Geistwesen nur unter bestimmten Bedingungen auf den Fotos sichtbar. Es stellte sich heraus, dass ich auch bei diesen Bildern den Blitz benutzt hatte, um die Gesichter der Menschen aufzuhellen. (Vielleicht macht es uns der Einfallsreichtum der Geistwesen möglich, sie eines Tages auch ohne Blitzlicht sehen zu können.)

Da ein normaler elektronischer Blitz ungefähr eine Tausendstelsekunde dauert, wurde deutlich, dass die Geistwesen in der Lage sind, sich mit sehr hoher Geschwindigkeit fortzubewegen und dies ihre normale Erscheinungsform ist. Ihr Grundzustand ist nicht durch die Abwesenheit von Bewegung gekennzeichnet, wie man im Vergleich mit physischen Wesen vermuten könnte, sondern eher durch superschnelle Fortbewegung. Eine normale Belichtungszeit von beispielsweise einer Sechzigstelsekunde würde kein scharfes Bild von ihnen erzeugen, denn aufgrund ihrer hohen Geschwindigkeit würden sie sich in der Belichtungszeit schon zu weit fortbewegt haben, und man würde bestenfalls schwache Lichtstreifen auf dem Bild sehen. Sie wären nach meiner Berechnung so wenig zu erkennen, dass man sie kaum von den anderen, »normalen« Bildinhalten unterscheiden könnte. Im Abschnitt »Der fotografische Prozess« in Kapitel 9 (s. S. 163) werden wir noch näher auf die Rolle des Blitzlichts eingehen.

Beweglichkeit

Die hohe Geschwindigkeit oder Beweglichkeit dieser Gebilde würde auch erklären, warum man sie normalerweise nicht mit dem bloßen Auge sehen kann. Das menschliche Auge nimmt Bilder nur dann als getrennte Ereignisse wahr, wenn sie eine Zwanzigstelsekunde oder länger auseinanderliegen. Wenn die Intervalle der nachfolgenden Bilder kürzer werden, nehmen wir die Bilder nicht mehr einzeln wahr, sondern sehen sie als einen durchgängigen Film.[4] Wir können daher schlussfolgern, dass sich sehr schnell bewegende Objekte nicht von jemandem wahrgenommen werden können, der über eine normale Sehkapazität verfügt.[5]

Der Orb, der in Abbildung II-2 zu sehen ist, war am Anfang im Ruhezustand, bewegte sich dann um acht Zentimeter und kam am Ende der Belichtung wieder zur Ruhe. Wenn wir davon ausgehen, dass alles während einer Belichtungszeit von einer Tausendstelsekunde geschah, kann man leicht ausrechnen, dass sich der Orb mindestens mit einer Geschwindigkeit von 300 km/h bewegt haben muss – und wahrscheinlich sogar noch viel schneller war!

Eine noch höhere Geschwindigkeit lässt sich für das Geistwesen nachweisen, das in Abbildung II-10 zu sehen ist. Es hat sich in diesem besonderen Fall während der Belichtungszeit dreimal bewegt. Es hielt für einen kurzen Moment inne, bewegte sich dann ein paar Zentimeter, hielt wieder inne und bewegte sich in eine dritte Position, wo es bis zum Ende der Belichtungszeit blieb. All dies geschah in einer Tausendstelsekunde. Wenn man diese dreifache Bewegung ausrechnet, kommt man auf eine Geschwindigkeit von 800 km/h.

Wie ich in einem späteren Kapitel noch näher erklären

werde, sind selbst Belichtungszeiten von einer Tausendstelsekunde zu lang, um Emanationen von Geistwesen aufzuzeichnen, wenn diese sich so bewegen würden, wie sie es normalerweise tun. Um fotografiert werden zu können, müssen
sie absichtlich bremsen, zumindest für die kurze Dauer der
Belichtungszeit. Weiter unten werde ich zeigen, dass es
möglich ist, die Geistwesen darum zu *bitten*, für die Dauer
der Belichtungszeit stillzuhalten. Sie halten nicht nur still,
wenn ich sie darum bitte, sondern strahlen ihr Licht auch
noch direkt in die Kamera.

Wenn wir von Bewegung sprechen, stellen wir ein hoch
komplexes Phänomen natürlich sehr vereinfacht dar. Wir
sind davon ausgegangen, dass die Bewegung von einem
Ort zum anderen auf eine gleichmäßige, lineare Weise geschieht. Dies muss aber überhaupt nicht der Fall sein. Es
kann sich auch um unmittelbare Standortwechsel (»Quan-
tensprünge«) handeln, um aufeinanderfolgende spontane
Manifestationen nicht linearer Energiekonzentrationen, die
erstaunlicherweise an physischen Orten geschehen, die sehr
nah beieinander liegen. Der Betrachter – der physikalischen
Beschränkungen unterliegt und sie sonst gar nicht wahrnehmen könnte – hat dadurch den Eindruck, dass die Bewegung
sehr schnell auf lineare Weise stattgefunden hat.

Trotz dieser Unsicherheit können wir jedoch schlussfolgern, dass der bloße Nachweis eindeutiger Bewegung (wie
in den Abbildungen II-2 und II-10 dargestellt) ausreicht, um
festzustellen, dass Orbs keine fotografischen Defekte oder
Abweichungen sind und auch nichts mit Lichtbrechung und
Ähnlichem zu tun haben. In Kapitel 9 werden wir in dem
Abschnitt »Generelle Hinweise auf Echtheit« noch einmal
auf dieses Thema zurückkommen.

Art der Kamera

Ich habe die meisten Bilder entweder mit einer Pentax Optio 330 Digitalkamera (3,34 Megapixel Auflösung; siehe Anmerkung 2, S. 232) oder einer hypermodernen Nikon Coolpix 8800 (2005) Digitalkamera mit 8 Megapixel Auflösung aufgenommen. In beiden Fällen benutzte ich die höchste Auflösung, was bei der Pentax Bilder im Umfang von 1 oder 1,5 Megabyte und bei der Nikon 4 bis 6 Megabyte ergab. Ich habe die Bildgröße erst dann mit dem Computer reduziert, als ich die Bilder für die Veröffentlichung und den Druck bearbeitete. Ich habe genau darauf geachtet, dass keine wichtigen Details dabei verloren gingen und sich keine Fehler durch eine reduzierte Bildqualität einschlichen.

Ich bemerkte keinen Unterschied in der Bildqualität der beiden Kameras, nur dass die höhere Auflösung der Nikon-Kamera eine größere Vielfalt innerer Details der Geistwesen-Emanationen ergab und stärkere Vergrößerungen von Teilausschnitten des Bildes ermöglichte – was besonders praktisch war, wenn die Orbs sehr klein (das heißt in einem stärker zusammengezogenen Zustand) waren.

Ich habe außerdem zahllose Bilder ausgewertet, die mir von anderen geschickt worden waren, weil sie wussten, dass ich mich für Orb-Abbildungen interessierte. Diese Bilder wurden mit einer großen Anzahl von Kameras unter unbekannten experimentellen Voraussetzungen aufgenommen. Obgleich viele Fotoapparate über keine große Auflösung verfügten oder die Bilder nur mit geringer Auflösung gemacht wurden, gab es offensichtlich keinen Hinweis darauf, dass Emanationen von Geistwesen nur mit einer bestimmten Art von Kamera oder einem bestimmten Kameramodell fotografiert werden können.

Nachbearbeitung der Bilder

Verstärkung des Kontrasts

Die Abbildung II-1a zeigt die kontrastarme Aufnahme eines
Geistwesens vor der oberen Ecke des Dreiecks. In der Abbildung II-3 wurde ein Ausschnitt dieses Bildes vergrößert.
Ich benutzte die einfache Bildbearbeitungssoftware eines
Standard-Computers.[6] In Abbildung II-3 wurde die Helligkeit erhöht und der Kontrast vermindert. Eine solche Bild-
bearbeitung ist wissenschaftlich unbedenklich, denn sie beeinflusst nicht die Authentizität des ursprünglichen Bildes,
da sie gleichmäßig auf das ganze Foto angewendet wird und
keine neuen Informationen hinzufügt. Durch sie wird die
bereits vorhandene Bildinformation lediglich besser lesbar.
Das Ganze ist mit der Anwendung von Filtern in der konventionellen Fotografie vergleichbar.[7]

Verbesserung der Farbwiedergabe

Abhängig davon, welche Art von Geistwesen-Emanation fotografiert wurde, aber auch von anderen fotografischen Rah-
menbedingungen, wie zum Beispiel der Hintergrundfarbe,
kann die Optimierung der Farbwiedergabe bessere Resultate bringen als die Verbesserung des Kontrasts. Ein Beispiel
ist in Abbildung II-5 zu sehen. Das Foto wurde ebenfalls am
26. September 2004 während des gleichen Seminars aufgenommen und zeigt eine Szene, die sich etwas weiter links
von der Festsaalbühne abspielte als die in Abbildung II-1
dargestellte (siehe Anmerkung 3, S. 232, für genauere An-
gaben über die räumlichen Gegebenheiten).

Ron Roth führt gerade eine Heilzeremonie für ein krankes
Baby durch. Das Originalbild (oben) zeigt bei niedrigem

Kontrast nur die anwesenden Orbs. Die meisten befinden sich über dem Kopf der stehenden Person. Schon eine relativ geringfügige Veränderung der Farbpalette führt zu einer großen Veränderung im Bild. Ein großer grüner Orb wird vor dem dunklen Hintergrund auf der rechten Seite sichtbar.

Die beiden Geistwesen über dem Kopf der stehenden Frau wurden in dem Prozess der Verbesserung der Farbwiedergabe nur leicht verändert. Wir können daraus folgern, dass Emanationen von Geistwesen sich in unterschiedlichen Farben auf Fotos zeigen. Dies bedeutet natürlich, dass sich die Wellenlänge bzw. das Frequenzspektrum verändert. Wenn also eine Farbsensibilität beobachtet wird, kann dies ein Hinweis darauf sein, dass bestimmte Wellenlängen oder Frequenzen fehlen. Die meisten Bilder von Geistwesen-Emanationen, die ich zu Gesicht bekommen habe, reagierten jedoch nur auf eine Veränderung des Schwarzweißkontrastes und nicht auf eine veränderte Farbwiedergabe.

Allerdings sind nicht alle Orb-Abbildungen durch Kontrast- oder Farbveränderung zu beeinflussen. Das Geistwesen unter dem »Gebetskorb« (in Abbildung II-12) wurde beispielsweise nicht besser durch Kontrast- und Farbveränderung sichtbar, und das Gleiche gilt für die Bilder, die bei Tageslicht gemacht wurden (Abbildung II-11).

Veränderungen der Größe und des Standorts

Die beiden Bilder in Abbildung II-4 wurden am 4. Februar 2003 in einem großen Festsaal aufgenommen. Man sieht einen Teil der Decke und die Stirnseite des Zuschauerraums.

Die Bilder wurden in der schnellstmöglichen Aufeinanderfolge gemacht, die in der digitalen Blitzlichtfotografie möglich ist (also mit einem Zeitunterschied von ungefähr fünf
Sekunden). Sie zeigen zwei interessante Details. Zuerst
hat es den Anschein, als wäre das gleiche Geistwesen fotografiert worden. Dies lässt sich von der inneren Struktur
des Orbs ableiten, die auf beiden Bildern gleich ist, wenn
auch ein wenig gedreht (das »Auge« zum Beispiel, das sich
im oberen Bild an der Peripherie in der Neun-Uhr-Posi-
tion befindet, ist im unteren Bild auf die Elf-Uhr-Position
und weiter nach innen gewandert). Das zweite bemerkenswerte Detail besteht darin, dass das Orb seine Größe, seinen Standort und seine Drehung verändert hat. Die weißen
Pfeile zeigen zu einem gemeinsamen Bezugspunkt auf den
beiden Fotos, der deutlich macht, wie sich das Geistwesen
gedreht hat. Während die Größe in beiden Abbildungen
fast gleich ist, ist der Durchmesser des Orbs im unteren Bild
kleiner als im oberen, was darauf hinweist, dass eine Veränderung in der Größe stattgefunden hat.

Ich habe dieses Verhalten öfter in klar zu unterschei-
denden Orbs beobachtet. Abbildung II-6 zeigt zum Beispiel
mehrere Emanationen von Geistwesen bei einem Vortrag
des Autors und Mediums Harvey Martin, den er am 5. März
2005 in Sedona (Arizona) vor ungefähr 400 Teilnehmern
eines spirituellen Retreats gehalten hat.[8] Die Aufnahmen
entstanden in einer zeitlichen Abfolge von wenigen Sekunden. Es hat den Anschein, als würden die Geistwesen-Emanationen sich vor und wieder zurück bewegen und ständig
Position und Größe verändern, aber jedes Mal lange genug
innehalten, um scharf fotografiert werden zu können.[9]

Wir sehen also, dass Emanationen von Geistwesen in der

Lage sind, ihre Größe und ihren Standort beliebig zu verändern. Dies sind erstaunliche Merkmale, auf die wir in unserem Nachwort zu sprechen kommen werden, in dem es
um das geistige Heilen geht.

Geistwesen zeigen sich bei den unterschiedlichsten Gelegenheiten

Geistwesen sind nicht nur bei spirituellen Veranstaltungen
»anwesend«, wie die Bilder im zweiten Bildteil vielleicht
vermuten lassen, sondern werden in den unterschiedlichsten Situationen beobachtet.

Die Bilder in der Abbildung II-7 wurden am 6. März 2005
auf einer Geburtstagsfeier in Sedona aufgenommen, wo eine
Gruppe von Musikern vor über 300 Gästen spielte.[10] Ein
Geistwesen scheint sich – zumindest für einen kurzen Moment – direkt auf dem Hut des einen Musikers zu befinden,
während sich ein anderes hinter einer Pflanze »versteckt«.
Ich habe während der Geburtstagsfeier viele Bilder gemacht
und auf jedem einzelnen Foto zeigten sich ähnliche Emanationen von Geistwesen.

Das Foto in Abbildung II-8 wurde am 24. März 2005 in
Südkalifornien bei einer Vorführung der fünften Klasse gemacht. Es ist Teil einer Serie von Bildern, auf denen während der Veranstaltung Emanationen von Geistwesen zu
sehen waren. Die ungewöhnlich hohe Anzahl von fotografierten Geistwesen unterstreicht vielleicht die Gültigkeit der
landläufigen Meinung, dass Schutzengel immer in der Nähe
sind, besonders in der von Kindern. Diese Bilder wurden
von der hinteren Seite des Zuschauerraums aufgenommen

(in einer Entfernung von ungefähr 20 Metern zur Bühne).[11] Ich hatte nicht die Absicht, Emanationen von Geistwesen einzufangen, und es auch nicht erwartet, ich wollte bloß einzelne Szenen der Vorführung festhalten.

Meine Tochter machte die Aufnahmen, die in Abbildung II-9 zu sehen sind, bei einer Schulaufführung, die ein Jahr später am gleichen Ort stattfand. Die internen Strukturen der Orbs unterscheiden sich substanziell von denen, die ich ein Jahr zuvor fotografiert hatte, was ein Hinweis dafür sein kann, dass die Geistwesen, die sich dieses Mal zu erkennen gaben, nicht die gleichen sind, die vor einem Jahr anwesend waren. Die Orbs, die auf den beiden Bildern in Abbildung II-9 zu sehen sind, scheinen die gleichen zu sein, was darauf hinweist, dass das gleiche Geistwesen gelegentlich auf zwei aufeinanderfolgenden Fotos zu sehen ist, und zwar typischerweise an einem anderen Standort, mit einer anderen Größe und in einer gedrehten Position.[12]

In Abbildung II-10 sind weitere Beweise dafür zu sehen, dass Geistwesen es offensichtlich lieben, in der Nähe von Kindern zu sein. Auf diesem speziellen Foto ist meine Enkelin zusammen mit meinem Sohn zu sehen, und auf dem ganzen Bild befinden sich nicht weniger als zehn Orbs. Einer von ihnen leuchtet besonders. Wenn man die Aufnahme näher untersucht (siehe vergrößerter Bildausschnitt), kann man sehen, dass er dreimal in sich versetzt ist. Dies bedeutet, dass er sich während der kurzen Dauer des Blitzlichts in eine neue Position bewegt hat, dort kurz innehielt, wieder eine andere Position einnahm, wo er erneut innehielt, und schließlich das dritte Mal seinen Standort wechselte und wieder stoppte. Dies deutet auf eine sehr hohe Geschwindigkeit und Beweglichkeit hin.

Die Fotos in Abbildung II-11 wurden bei Tageslicht im Heilungszentrum des brasilianischen Heilers João de Deus (João Teixeira de Faria) im Wartezimmer (oberes Bild) und im Garten seines Heilzentrums ins Abadiânia (Brasilien) aufgenommen.[13] Die Orbs, die auf diesem Bild fotografiert sind, sehen substanziell anders aus als jene, die wir in den anderen Situationen beobachtet haben. Möglicherweise sind sie der Beweis für eine andere Art von Geistwesen, wie ich im nächsten Kapitel erklären werde.

Gezieltes Einnehmen einer bestimmten Position

Geistwesen positionieren sich auf Fotos häufig so in Bezug auf Menschen oder Objekte, dass wir daraus einen bestimmten Schluss ziehen können.

Beim Heilungsseminar von Ron Roth im September 2004 zeigen mehrere Aufnahmen, die ich gemacht habe, im Vordergrund einen Stuhl, auf dem ein Korb stand, in dem sich Hunderte schriftliche Ersuche aus dem Publikum befanden. In einem der zahlreichen Bilder, die ich von dieser Szene machte, tauchte ein Orb auf und positionierte sich direkt unter dem Korb (Abbildung II-12). Dies zeigt nicht nur, dass Humor nicht nur eine menschliche Eigenschaft ist, sondern auch, dass unsere Gebete von der spirituellen Welt erhört werden. Das Geistwesen mag mit seiner Position unter dem Gebetskorb beabsichtigt haben, uns genau dies mitzuteilen.

Das Foto in Abbildung II-13 wurde nach einem Gottesdienst gemacht, den der Geistliche Ron Roth am 8. April 2006 durchführte. Die Darbietung der Sängerin war sehr

gut gewesen, ihre Stimme war großartig – und das Geistwesen scheint das ebenso zu sehen![14]

In Abbildung II-14 ist ein Orb in schneller Bewegung zu
beobachten, und zwar unter dem Bild des »lachenden Jesus«, das auf dem Altar steht. Diese Aufnahme wurde auf
dem gleichen Retreat gemacht. Ein großes Bild von Jesus
(75 cm x 75 cm) auf der linken Seite des Altars erhält ebenfalls Besuch von einem Orb (Abbildung II-15).

Abbildung II-16 ist ein Beispiel dafür, dass Geistwesen
sich »entscheiden« mitzumachen und in großer Anzahl zu
erkennen zu geben. Die Fotos wurden am Anfang und am
Ende eines 15-minütigen Vortrags gemacht, den im November 2005 ein hochrangiges Mitglied der *Oneness University*
(Südindien) auf Einladung von Ron Roth auf dessen spiritu-
ellem Retreat in Oak Brook im US-Bundesstaat Illinois gehalten hatte. Am Anfang (links) war nur die normale (geringe) Anzahl von Geistwesen anwesend; am Ende (rechts)
hingegen waren sie massenhaft vertreten.

Eine große Anzahl von Orbs ist jedoch nicht nur auf spirituellen Veranstaltungen anwesend. Das Foto in Abbildung II-17
wurde bei einer festlichen Weinprobe/Weinauktion aufgenommen. Geistwesen halten sich in großer Anzahl unterhalb
der Decke des großen Festsaals auf. Viele Bilder, die bei dieser
Veranstaltung in schneller Abfolge gemacht wurden, zeigen
jede Menge Orbs in hauptsächlich zufälliger Position.

Natürlich ist die Anwesenheit von zahlreichen Geistwesen-Emanationen auf einem Foto erst einmal nichts anderes
als ein Zeichen dafür, dass sich diese Geistwesen auf diesem speziellen Bild zeigen wollten. Ich halte es nicht für
sinnvoll, daraus zu schließen »je mehr, desto besser«, wie
wir es gerne aus unserer menschlichen Perspektive heraus

tun. Ich befasse mich näher mit diesem Thema in Kapitel 10 (s. S 195).

Das Geistwesen in Abbildung II-18 wurde während einer »sichtbaren« Operation des brasilianischen Geistheilers João de Deus aufgenommen, die er im Haus von Dom Inácio in Abadiânia durchgeführt hat. Obgleich das Geistwesen einen bestimmten Grund dafür gehabt haben muss, sich am Nacken eines Zuschauers zu positionieren, kann über diesen Grund nur spekuliert werden.[15]

Die beiden Geistwesen (eins groß und eins klein) in Abbildung II-19 befinden sich in Abadiânia in unmittelbarer Nähe von Ron Roth während einer Geistheilungszeremonie im Garten eines Gasthofs. Die Orbs befinden sich gezielt vor und hinter Ron Roth, so als ob sie unterstreichen wollten, dass er vollkommen geschützt ist.

Wenn man sich die Abbildung II-20 anschaut, scheint kein Zweifel zu bestehen, wer die Verantwortung für die Geistheilungszeremonie trägt. Der fotografierte Orb befindet sich direkt über dem Kopf von Ron Roth.[16]

Ein weiterer Beweis dafür, dass sich ein Geistwesen gezielt in einer bestimmten Position aufhält, zeigt sich in Abbildung II-24, wo das Geistwesen den Arm des Heilers zu dirigieren scheint. Achten Sie darauf, wie andere Orbs die Situation »beobachten«. An diesem Bild ist interessant, dass eine Geistwesen-Emanation seltsamerweise am Ende des Vorhangs abgeschnitten ist und nicht vor dem schwarzen Hintergrund zum Vorschein kommt, wie wir es erwarten würden. Der Kontrast wird normalerweise verstärkt und nicht verringert, wenn sich ein Wesen vor einem dunklen Hintergrund befindet (ein Thema, auf das ich in Kapitel 9, s. S. 169, näher eingehen werde).

Die Abbildung II-22 zeigt eine Geistwesen-Emanation in unmittelbarer Nähe von Ron Roth, während er am 7. März 2006 einen Vortrag vor einem großen Publikum hält. Ein zweites Geistwesen ist auf der Videoleinwand zu sehen.[17]

Fotos von Geistwesen-Emanationen am Nachthimmel

Bilder von Orbs, die den Nachthimmel als Hintergrund haben, können leicht falsch sein (zum Beispiel Reflexionen von Staubpartikeln oder Wassertröpfchen der Luftfeuchtigkeit) und/oder das zeigen, was gemeinhin als »Naturgeister« bezeichnet wird. Wenn wir davon ausgehen können, dass die meisten Geistwesen, mit denen wir es bis jetzt zu tun gehabt haben, hoch entwickelter Natur sind (und damit der spirituellen Natur der Veranstaltungen entsprochen haben, auf der sie fotografiert wurden), dann können wir genauso davon ausgehen, dass eine große Anzahl anderer Wesen existiert, die sich auf Tiere, Insekten, Pflanzen und andere Lebensformen in der physischen Realität beziehen.[18] Diese Naturgeister würde man wahrscheinlich eher draußen statt drinnen erwarten.[19] Gegen den Hintergrund eines schwarzen Himmels können auch Geistwesen-Emanationen mit geringer Schwingung – die vielleicht weniger aufmerksam oder bewusst sind – fotografiert werden. Von den zahlreichen Bildern, die ich draußen bei Nacht gemacht habe, präsentiere ich Ihnen in diesem Zusammenhang nur zwei Aufnahmen, da Dr. Ledwith sich im ersten Teil des Buchs schon sehr mit Fotos von Orbs befasst hat, die unter diesen Bedingungen aufgenommen worden sind.

Während das Bild in Abbildung II-19, das draußen im Dunkeln aufgenommen wurde, auf die Anwesenheit eines hoch entwickelten Geistwesens hinzudeuten scheint – und zwar passend zur hoch entwickelten Natur des Geistheilens, an dem sie teilnehmen –, sind in Abbildung II-23 wahrscheinlich auch ein paar Naturgeister zu sehen. Ich bin jedoch der Auffassung, dass wenigstens die drei Orbs, die weiter unten in Abbildung II-23 vergrößert sind, hoch entwickelter Natur sind. Diese Vermutung wird durch meine hellsichtige Beraterin bestätigt, die diese drei Orbs als speziell entwickelte Geistwesen identifizieren konnte. Sie wies auch darauf hin, dass das mandalaartige Gebilde oben links sechs einzelne Emanationen von Geistwesen enthält.[20]

In Abbildung II-21 ist eins von mehreren Fotos zu sehen, die ich schnell hintereinander vor dem Haus einer Freundin in Abadiânia geschossen habe. Sie ist hellsichtig und identifizierte die Orbs als jene Geistwesen-Emanationen, deren Gegenwart sie an Abend »stark gefühlt« hatte. Sie zeigten sich nur auf einem einzigen Foto. Der helle Fleck in der Bildmitte ist der aufgehende Mond.

Kommunikation mit Geistwesen

Seitdem mir bewusst war, dass auf meinen Fotos Emanationen von Geistwesen auftauchen, fragte ich mich, ob ich sie vielleicht dazu verlocken könnte, sich an bestimmten Stellen im Bild zu zeigen. Da es sich nach meiner Überzeugung bei den fotografierten Emanationen um bewusste Wesen handelte – wenn auch um sehr merkwürdige und nicht gerade vertraute –, war es nur logisch, nach einem Weg zu suchen, um mit diesen Wesen auf einfache Weise kommunizieren zu könen.

Mein erster Versuch bestand darin, sie intuitiv zu bitten, sich an einem Ort zu zeigen, wo sie gut zu fotografieren waren, und lange genug stillzuhalten, damit das Bild nicht unscharf wurde. Obgleich es unmöglich ist, das Gelingen eines solchen Experiments objektiv zu beweisen, so kann ich doch subjektiv sagen, dass ich auffallend mehr Orbs auf meine Fotos bekomme, seitdem ich vor fünf Jahren damit begonnen habe, mich innerlich mit den Geistwesen-Emanationen in Verbindung zu setzen. Wie bereits erwähnt hat sich seitdem die Ausbeute echter Orbs auf meinen Bildern um das Hundertfache vermehrt – unter den gleichen Bedingungen (mit derselben Kamera und auf den gleichen oder ähnlichen spirituellen Veranstaltungen).

Am 11. Juni 2005 hatte ich die Gelegenheit, noch einen Schritt weiterzugehen. Zusammen mit meiner Frau nahm ich an der Abschlussfeier eines spirituellen Zentrums teil, wo wir über drei Jahrzehnte lang viele Seminare besucht hatten, die dort unter der Leitung von Dr. Harry und Emilia Rathbun durchgeführt wurden. Die Rathbuns waren ein bemerkenswertes Paar und viele Jahre lang unsere spirituellen Lehrer und Vorbilder. Da sie beide verstorben waren, stand ihr spirituelles Zentrum nun zum Verkauf an.

Als wir an einer der Blockhütten vorbeigingen, in der wir viele Male gewohnt hatten, machte ich das Foto, das in Abbildung II-25 zu sehen ist. Es war das erste von gut 50 »Abschieds«-Bildern, die ich bei jener Gelegenheit machte. Und an diesem Bild ist etwas Besonderes. Es war die einzige Aufnahme, für die ich speziell darum gebeten hatte, dass die beiden Seelen unserer früheren spirituellen Lehrer anwesend sein mögen, und zwar an einer solchen Stelle und in einem solchen Ruhezustand während der Belichtungszeit, dass sie klar auf dem Foto erkennbar waren. Das Bild zeigte nicht nur zwei kontrastreiche Orbs, sondern es war die *einzige* Aufnahme unter allen Bildern, die ich auf der Veranstaltung gemacht hatte, auf denen zwei große Orbs klar in Erscheinung traten.

Ich habe natürlich keinen unwiderlegbaren Beweis dafür, dass die beiden Orbs tatsächlich die Seelen dieser beiden bedeutenden Lehrer waren. Dennoch entspricht diese Erfahrung gut der Beobachtung, die ich in Kapitel 9 im Abschnitt »Einordnung der inneren Strukturen« (s. S. 182) diskutieren werde. Meine Untersuchungen haben nämlich gezeigt, dass in verschiedenen Situationen sich relativ häufig dasselbe Geistwesen oder dieselbe Gruppe von Geistwesen in der Nähe einer bestimmten Person aufhält, besonders wenn diese Person spirituell interessiert ist. Die inneren Strukturen dieser beiden Orbs in Abbildung II-25 unterscheiden sich von allen anderen Emanationen von Geistwesen, die ich jemals fotografiert habe.

Aber diese bereits wunderbare Geschichte hat noch eine weitere Facette. Nachdem Harry 1989 gestorben war, lehrte Emilia weiter, und zwar bis eine Woche vor ihrem Tod im Jahre 2004 (in Alter von 98 Jahren). Während ihrer letzten beiden Lebensjahre haben meine Frau und ich uns oft mit ihr getroffen. Bei diesen Gelegenheiten hatten wir das Glück, viel von ihr zu lernen und mit ihr darüber zu reden, welch ausgereifte Vorstellung sie vom Leben nach dem Tod hatte. An einem unserer letzten Zusammentreffen erklärte sich Emilia bereit, uns ein Zeichen aus dem Jenseits zu geben, das uns helfen würde, die geistige Welt besser zu verstehen. Das Foto ist eine der Antworten, die wir bis heute erhalten haben!

In diesem Kapitel habe ich Ihnen meine Beobachtungen mitgeteilt, die ich in der Interaktion mit Emanationen von Geistwesen gemacht habe. Im nächsten Kapitel werden wir uns das im Einzelnen anschauen, was ich in den Jahren, in denen ich sie nun schon fotografiere, über die Orbs herausgefunden habe.

9

Eine nähere Bestandsaufnahme

In diesem Kapitel werden wir die Orbs genauer unter die Lupe nehmen. Wir werden uns den fotografischen Prozess anschauen und uns mit wichtigen Entdeckungen befassen, die ich gemacht habe. Im ersten Teil geht es um die wissenschaftlichen Versuchsbedingungen, die ich beim Fotografieren hatte und die gegeben sein müssen, um sicherzustellen, dass auf den Fotos auch tatsächlich Emanationen von Geistwesen zu sehen sind und es sich nicht etwa um fotografische Abweichungen handelt. Danach geht es darum, wie sich die Emanationen von Geistwesen aufgrund der Ergebnisse der Orb-Fotografie klassifizieren und einordnen lassen.

Der fotografische Prozess

Was geschieht eigentlich, wenn wir Orbs auf einem digitalen Foto sehen? Welche Bedingungen müssen gegeben sein, damit wir sie erkennen können, und welche Schlussfolgerungen lassen sich daraus ableiten?

Eine der Grundvoraussetzungen, die bei der überwältigenden Mehrheit der Bilder gegeben sein muss, ist der Einsatz des Blitzlichts. Eine weitere Voraussetzung besteht darin, keinen traditionellen Fotoapparat mit Negativfilm, sondern eine Digitalkamera zu benutzen. Es gibt zwar auch

Orb-Abbildungen, die mit einer konventionellen Kamera aufgenommen wurden,[21] aber digitale Kameras sind viel effektiver durch die Bearbeitungsmöglichkeiten für Farbe und Kontrast, aber auch hinsichtlich des Preises und der einfachen Anwendbarkeit.

Eine Digitalkamera reagiert auf Informationen aus dem sichtbaren Lichtspektrum (zwischen einer Wellenlänge von 300 bis 800 Nanometern). Die Schlussfolgerung liegt daher nah, dass wir immer dann, wenn wir eine digitale Kamera benutzen, hauptsächlich Geistwesen-Emanationen aus diesem Bereich aufzeichnen. Außerdem ist die überwiegende Mehrheit der Emanationen von Geistwesen weiß und reagiert nicht auf Farbbearbeitung. Weißes Licht besteht aus vielen Spektralfarben in einem bestimmten Verhältnis. Hieraus können wir schließen, dass die Bildobjekte ein Licht in allen Farben des sichtbaren Spektrums aussenden und nicht nur in einer bestimmten Wellenlänge. Dies steht im Gegensatz zu der Behauptung, die Orbs seien ein Phänomen des Infrarotbereichs. Vielleicht ist die Welt der Geistwesen jedoch so vielfältig, dass es viele verschiedene Möglichkeiten gibt, Orbs zu fotografieren. Wie so oft in spirituellen Dingen ist die Antwort auch hier kein Entweder-oder, sondern ein Sowohl-als-auch.

Der Blitz sendet ein Licht mit einer hohen Farbtemperatur aus, die das weiße Licht unter Tagesbedingungen simuliert.[22] Das Blitzlicht hat zwei Funktionen:

1. Es dient als Lichtquelle, die von dem fotografierten Objekt reflektiert wird, wobei die Intensität des Lichts, das vom Objekt ausgesendet wird, groß genug sein muss, um von der Kamera aufgezeichnet zu werden.

2. Es ist ein ausgezeichnetes Mittel, um die Belichtungszeit drastisch zu verkürzen (von einer Dreißigstel- bis Sechzigstelsekunde ohne Blitzlicht bis zu einer Tausendstelsekunde mit Blitz). Auf diese Weise wird es möglich, sich schnell bewegende Objekte wesentlich schärfer aufzuzeichnen, als dies bei Fotos ohne Blitzlicht der Fall ist.

Wir können ausschließen, dass Emanationen von Geistwesen eine physische Masse besitzen, an der »normales« Licht (das heißt elektromagnetische Wellen des sichtbaren Spektrums) reflektieren oder von der eine induzierte Lichtemission ausgehen könnte. Die Mechanismen, die der Reflexion oder der »normalen« induzierten Lichtemission zugrunde liegen, lassen sich daher nicht anwenden. Wir können außerdem ausschließen, dass die Orbs Licht (also Energie) *von sich aus* im sichtbaren Spektrum ausstrahlen. Dies würde bedeuten, dass wir sie auch ohne Blitzlicht sehen könnten, aber mir ist nicht bekannt, dass ich jemals ein echtes Orb fotografiert hätte, ohne dabei ein Blitzlicht benutzt zu haben.[23] Wir befinden uns also in einem Dilemma: Wir haben weder physikalische Objekte, an denen eine »normale« Reflexion stattfinden kann, noch Licht ausstrahlende Objekte, und dennoch spielt das Blitzlicht beim Fotografieren eine entscheidende Rolle.

Es gibt zwei weitere, im Experiment gemachte Beobachtungen, die uns vielleicht helfen, die Bedeutung des Blitzlichts zu verstehen:

1. Farbbearbeitung führt gewöhnlich nicht dazu, dass Bilder von Orbs einen höheren Kontrast aufweisen (mit

Ausnahme der relativ seltenen Situationen, in denen wir eine klare Farbreaktion sehen; diese Situationen werden wir uns weiter hinten in diesem Kapitel noch näher anschauen). In der Mehrzahl der Fälle, die ich beobachtet habe, sind Orbs einfach als weiße Objekte festgehalten, unabhängig von der Farbbearbeitung. In solchen Fällen müssen wir annehmen, dass das Farbspektrum, das von diesen Objekten ausstrahlt oder von ihnen reflektiert wird, eine Überlagerung des gesamten sichtbaren Spektrums enthält und nicht Infrarotfrequenzen bevorzugt.[24]

2. Die innere Struktur der Emanationen von Geistwesen (auf die ich weiter unten in diesem Kapitel noch näher eingehen werde) ist nicht besonders scharf, sondern erinnert an holografische Bilder. Außerdem können die Fotos Merkmale von Brechungen und Interferenzen enthalten.

Diese beiden Beobachtungen können nicht einfach mit rationalen Argumenten erklärt werden. Sie deuten vielmehr auf einen Mechanismus hin, der durch den Blitz aktiviert wird, Licht im sichtbaren Spektrum auszustrahlen.

Aber was bewirkt diese Photonenemission? Man könnte annehmen, dass ein Orb eine Art »energetische Plasmakugel« ist, was auch erklären würde, warum er normalerweise eine Kreisform hat. Wenn es stimmt, dass Geistwesen ihre Energie nach Belieben in einer stofflichen Form an einem physischen Ort konzentrieren können,[25] dann liegt die Annahme nah, dass diese »Energie-Kugel« durch die sichtbare Lichtenergie des Blitzlichts dazu angeregt werden kann,

elektromagnetische Energie innerhalb des sichtbaren Lichtspektrums (also als Photonen oder Licht) abzugeben.

Da die Emanationen von Geistwesen in einer Form auftreten, die an unscharfe Bilder erinnert, mit Konturen, die
wie Fresnelränder[26] aussehen, könnte man geneigt sein, dies
mit der kugelförmigen Gestalt der »Plasma-Kugeln« zu erklären. Das starke Kraftfeld innerhalb der Kugeln könnte
Veränderungen in der Bahn des ausgestrahlten Lichts bewirken, was diese unscharfen Ränder erklären würde. Mit
anderen Worten, das Licht, das am hinteren Ende der Kugel ausgesendet wird, muss einen längeren Weg durch das
Innere der Kugel zurücklegen als ein Licht, das vorne an
der Seite ausgestrahlt wird. Wenn die Kugel selbst aus einer übernatürlichen Substanz besteht, wie zum Beispiel einer Form magneto-elektrischen Plasmas, dann ist es vorstellbar, dass sie den ausgesendeten physischen Lichtstrahl
beugt oder bricht, was eine Erklärung für die unscharfe Erscheinungsform wäre.

Eine solche Erklärung ist in der Tat plausibel. Im Angesicht der unglaublichen Situation, dass wir tatsächlich Emanationen von Geistwesen fotografieren, ist es vorstellbar,
dass diese Wesen in einer Realität existieren, die unserer so
überlegen ist, dass sie ihre Energie (die in unserer physikalischen Realität ihrer Masse entspricht) sehr stark konzentrieren können und die elektromagnetischen Wellen des
Blitzlichts bei ihnen energetische Quanten-Emissionen an-
regen, die im Bereich des sichtbaren Lichts liegen.

Dennoch bleiben bei dieser Erklärung noch viele Fragen offen, die damit zusammenhängen, dass wir es zwar mit
einem nicht physikalischen, aber dennoch existenten Phänomen zu tun haben.

Wenn wir von dieser vorläufigen Erklärung das nehmen, was von entscheidender Bedeutung und unwiderlegbar ist, müssen wir immer bedenken, dass wir es mit einer Form von Energie zu tun haben – einer Energie, die mit physikalischen Mitteln nachgewiesen werden und daher eine Wirkung auf physikalische Erscheinungen haben kann.

Die Skeptiker widerlegen

Ich habe bereits auf das Thema der Echtheit von Geistwesen-Emanationen angespielt. Nicht alle Fotos mit auffallenden Erscheinungen dieser Art zeigen das, wonach man sucht oder was man sich auf den ersten Blick vorstellt. Ein gutes Urteilsvermögen ist wichtig, um »echt« und »falsch« unterscheiden zu können.

Abbildung II-26 ist zum Beispiel ein Foto, auf dem Gebilde zu sehen sind, die Orbs ähneln, aber dennoch keine echten Emanationen von Geistwesen sind. Ich habe dieses Foto absichtlich gemacht, um zu zeigen, wie leicht man etwas auf dem Bild hat, das wie eine große Anzahl von Naturgeistern aussieht. Es wurde mit der gleichen hoch auflösenden Nikon Coolpix 8800 Digitalkamera aufgenommen, mit der ich auch viele andere Fotos gemacht habe, die ich in diesem Buch präsentiere. Der einzige Unterschied besteht darin, dass ich unmittelbar vor der Belichtung ungefähr zehn Zentimeter vor der Kameralinse einen feinen Sprühregen aus einer einfachen Spritzwasserflasche versprüht habe. Als die Kamera sich auf entfernte Objekte einstellte, erzeugte die Reflexion des Blitzlichts am Wasserdampf ein unscharfes Bild seiner Tröpfchen, die – wie es sich herausstellte – einige Strukturen von echten Geistwesen-Emanationen aufweisen.

Die gleichen Effekte erzielen wir, wenn feine Staubpartikel in unmittelbarer Nähe der Kamera sind, wie die Abbildung II-27 zeigt. Dieses Bild wurde direkt nach Abrissarbeiten in einem Raum vorgenommen, der renoviert werden sollte. Es befand sich sehr viel Staub in der Luft. Ähnliche Bedingungen können auch in der freien Natur auftreten, besonders bei Trockenheit in ländlichen Gebieten, wenn auch nicht unbedingt in diesem Ausmaß.

Es gibt viele Situationen, in denen das, was wie ein Orb aussieht, tatsächlich von einem Staubkorn in der Luft erzeugt wurde. Der Effekt ist oft auf Bildern zu beobachten, die draußen im Dunkeln gemacht wurden, weil der schwarze Hintergrund den Kontrast dieser falschen Orbs verstärkt – genauso, wie ein schwarzer Hintergrund auch den Kontrast bei echten Aufnahmen von Geistwesen-Emanationen verbessert. Man sollte sich daher die Bilder von Orbs genau anschauen, die draußen im Dunkeln aufgenommen wurden, bevor man sie für echt erklärt.

Ich habe das Foto, das in Abbildung II-27 zu sehen ist, aus einer Reihe weiterer Bilder, die ich in der gleichen Situation gemacht hatte, ausgewählt, weil es inmitten Hunderter »Staub-Orbs« auch eine (sehr wahrscheinlich) echte Geistwesen-Emanation enthält. Um zu dieser Schlussfolgerung kommen zu können, vergrößerte ich den gekennzeichneten Abschnitt in Abbildung II-27 (der auf dem Bild unten links zu sehen ist) und bearbeitete ihn dann farblich (unten rechts). Der vergrößerte Bereich scheint ein Orb zu enthalten, das sich bewegt, was normalerweise ein starkes Indiz für die Echtheit einer Geistwesen-Emanation ist. Wie man sehen kann, ist dieses Gebilde bedeutend heller als alle anderen Kreise, die lediglich Blitzlichtreflexionen von Staubpartikeln sind, die sich in unmittelbarer Nähe der Kameralinse befinden. Darüber hinaus reagiert es ganz anders auf eine Farbbearbeitung, denn die Farbe bleibt im Wesentlichen weiß, während alle anderen Orb-artigen (unechten) Gebilde ihre Farbe wechseln. Wenn ich das Foto mit den künstlichen Orbs, die durch Wassertröpfchen verursacht wurden (Abbildung II-26), farblich verändere, nehmen die falschen Orbs schnell eine andere Farbe an, und zwar in allen Tröpfchen gleichzeitig.

Orb-artige Gebilde, deren Farbe durch Bearbeitung verändert werden kann, können jedoch nicht schon kategorisch aufgrund ihres Farbverhaltens als echte Bilder von Geistwesen-Emanationen ausgeschlossen werden. Erst der Unterschied im Farbverhalten eines einzelnen Gebildes gegenüber allen anderen in der grundlegend gleichen Umgebung lässt darauf schließen, dass es anderer Natur ist. Obgleich wir nicht völlig sicher sein können, unterstreicht wahrscheinlich das Farbverhalten, ob ein Gebilde echt ist – zum Teil auch deswegen, weil es zwar in Bewegung ist, aber nicht so klar erscheint, wie es typischerweise auf normalen Fotos, auf denen Geistwesen-Emanationen in Bewegung abgebildet sind, der Fall ist (siehe Abbildung II-10).

Abbildung II-28 zeigt eine nächtliche Straßenszene, die typisch für Länder der Dritten Welt ist. Ich machte das Foto aus einem langsam fahrenden Auto heraus, mit offenem Fenster, die Kamera kaum außerhalb der Begrenzungen des Wagens. Aufgrund der zahlreichen Autos, die diese extrem staubige Straße benutzten, war ziemlich viel Staub in der Luft. Ich erwartete deshalb, viele Orb-artige Refexionseffekte zu sehen (das heißt »falsche« Orbs), und machte das Foto in der erklärten Absicht, dies demonstrieren zu können. Tatsächlich waren auf dem Foto dann so viele Reflexionen, dass das gesamte Bild dadurch verschwimmt. Der untere Teil der Abbildung zeigt einen vergrößerten und leicht farbbearbeiteten Abschnitt im Bereich des Fahrrads.

Dies ist typisch für viele Bilder, die in ländlichen Gebieten im Dunkeln gemacht werden. Es unterstreicht die Sorgfalt, mit der man Orb-artige Gebilde auf Fotos analysieren muss, die unter ähnlichen Bedingungen gemacht wurden, damit man nicht fälschlicherweise Abbildungen von Staubpartikeln für Geistwesen-Emanationen hält. Dies geschieht viel öfter, als man denkt. Von Menschen, die wussten, dass ich an Orbs interessiert bin, habe ich zahlreiche Fotos dieser fragwürdigen Art erhalten. Bei vielen handelte es sich um Nachtbilder, die in staubigen ländlichen Gebieten aufgenommen worden waren. Was auf den ersten Blick wie eine erstaunliche Ansammlung von Geistwesen-Emanationen aussah, waren in Wirklichkeit nur Lichtreflexionen an Staubkörnern.

Richtige von falschen Orbs zu unterscheiden braucht Zeit, Geduld und Sorgfalt. Je mehr Orbs Sie fotografieren, desto mehr werden Sie Orb-artige Gebilde von echten Orbs unterscheiden können. Ich empfehle mit Farb- und Kontrastveränderungen zu experimentieren, um herauszufinden, ob einige Gebilde, die wie Orbs aussehen, sich unter diesen Bedingungen anders verhalten. Falsche Orbs reagieren stärker auf Farbveränderungen als echte. Im nächsten Abschnitt gebe ich zusätzliche Hinweise zur Echtheitsprüfung der Orbs.

Angesichts der Tatsache, dass eine klare Unterscheidung

zwischen falschen und echten Orbs nicht immer zweifelsfrei getroffen werden kann, argumentieren skeptische Menschen oft, dass wir daraus nur schlussfolgern können, dass solche Fotos nicht den Beweis für die Existenz von Geistwesen-Emanationen liefern. Wie Leonore Sweet betont, wäre eine solche Argumentation genauso fehlerhaft, als würde man behaupten, dass der Zwanzig-Dollar-Schein in Ihrer Brieftasche nichts wert ist, nur weil eine bestimmte Anzahl gefälschter Zwanzig-Dollar-Scheine im Umlauf ist. Das Falsche und das Echte existieren nebeneinander.

Generelle Hinweise auf Echtheit

Irrtümer können grundsätzlich ausgeschlossen werden, wenn mindestens eine der folgenden Bedingungen erfüllt ist:

1. Ein Objekt befindet sich zwischen der Kamera und dem fotografierten Orb: Dies ist der stärkste Beweis für seine Echtheit, weil diese Tatsache als solche buchstäblich alle Argumente widerlegt, die von Skeptikern angeführt werden können. Staubkörner oder Wassertropfen müssen im Umkreis von wenigen Zentimetern zur Kameralinse sein, um »falsche« Orbs zu verursachen. Wenn der Orb klar erkennbar weiter von der Kamera entfernt positioniert ist (mehr als einen halben Meter), dann ist diese Verwechslung ausgeschlossen. Ich habe zahllose Aufnahmen von Geistwesen-Emanationen, die in diese Echtheitskategorie fallen, und ein paar eindeutige Beweise sehen Sie in den Abbildungen II-7, II-20 und II-29.[27]

2. Ein Orb wurde in schneller Bewegung fotografiert (wie in den Abbildungen II-2, II-10, II-27 und II-30 zu sehen): Die Geschwindigkeit beträgt mehrere hundert Stundenkilometer. Dies ist viel schneller, als sich ein physisches Staubkorn oder Wassertröpfchen fortbewegen könnte, selbst wenn man die erhöhte Winkelgeschwindigkeit in Betracht zieht, die beide in unmittelbarer Nähe der Kameralinse hätten. Die Wassertröpfchen in Abbildung II-26 können nur so schnell sein, wie es die Atmosphäre zulässt, und keines von ihnen zeigt einen »Schweif« von Unschärfe, den man erwarten würde, wenn ein sich schnell bewegendes Objekt fotografiert wird.

3. Derselbe Orb taucht auf unmittelbar aufeinanderfolgenden Fotos auf: Zwischen den einzelnen Belichtungszeiten hat er sich von einer Stelle zu einer anderen bewegt und dabei seine Größe und seine Ausrichtung verändert. Dies ist ebenfalls ein eindeutiger Beweis für Echtheit. Gute Beispiele finden Sie in den Abbildungen II-4 und II-9.

4. Mehrere Fotos von derselben Szene wurden kurz hintereinander aufgenommen: Auf dem einen sind Orbs zu erkennen und auf dem anderen nicht – oder die Orbs befinden sich wahllos an unterschiedlichen Stellen. Alle Bilder, die ich Ihnen präsentiere, wurden auf diese Weise aufgenommen, und ich habe wiederholt derartige Bildabfolgen aufgeführt, um meine Aussage zu unterstreichen.[28] Obwohl dies allein nicht gänzlich den Einfluss von Staub und Feuchtigkeit in unmittelbarer Nähe der Linse ausschließt, so widerlegt es doch die Argumente von Skep-

tikern in Bezug auf Kameradefekte, Reflexionen an der Blendenöffnung und Ähnliches.

5. Orbs haben eine starke Leuchtkraft: Orbs mit geringer Farbintensität sind in der Regel verdächtiger als diejenigen, die ohne digitale Nachbearbeitung klar zu erkennen sind. Beispiele für stark leuchtende Orbs befinden sich in den Abbildungen II-1, II-7, II-15 und II-30, und ebenfalls in Abbildung II-31, wo zwei Schauplätze gezeigt werden, die innerhalb von einer Minute von links nach rechts quer durch den Festsaal aufgenommen wurden. Auch diese Fotos wurden nicht digital nachbearbeitet. Die Orbs sind so strahlend hell, dass dies allein ihre Echtheit beweist.

6. Stereofotos, die von zwei Kameras von der gleichen Szene aufgenommen wurden, zeigen denselben Orb: Man sollte erwarten, dass Bilder, die von derselben Szene genau zur selben Zeit mit zwei Kameras gemacht werden, die nur ein paar Zentimeter voneinander entfernt sind, die Position offenbaren würden, die ein Orb im Raum einnimmt, und dass er gleichzeitig auf beiden Fotos zu sehen ist. Mit solchen Experimenten befassen wir uns im nächsten Abschnitt. Sie geben uns weitere interessante Einblicke in die physische Natur von Geistwesen-Emanationen.

7. Ungewöhnlicher Standort eines Orbs: Wenn sich ein Orb an einer wirklich außergewöhnlichen Stelle befindet, dann ist er sehr wahrscheinlich echt. Wir haben bei mehreren Gelegenheiten Bilder von Orbs an besonderen

Stellen gemacht, wie in den Abbildungen II-12, II-13 und
II-24 zu sehen ist.

Stereofotografie von Geistwesen-Emanationen

Wenn wir uns eine Szene anschauen, können wir normalerweise ohne Schwierigkeiten sagen, ob sich ein Objekt vor
oder hinter einem anderen befindet. Zum einen können wir
diese Unterscheidung natürlich durch unseren Intellekt treffen, der uns aus Erfahrung sagt, dass ein Objekt weiter weg
sein muss, wenn es kleiner ist als ein anderes Objekt gleicher
Größe. Der andere Grund, warum wir zwischen nahen und
entfernten Objekten unterscheiden können, besteht darin,
dass wir stereografisch sehen können, weil unsere beiden
Augen räumlich voneinander getrennt sind.

Dieses stereo visuelle Prinzip kann auch in der Fotografie genutzt werden, wenn wir zwei Kameras nebeneinander
aufstellen und präzise auf die gleiche Szene ausrichten. Jede
Kamera macht ein Bild, und die beiden Fotos sind im Wesentlichen identisch, wenn sie exakt zur gleichen Zeit aufgenommen wurden; das eine hat lediglich einen leicht veränderten Blickwinkel. Wenn Sie sich die beiden Stereobilder
nun so anschauen, dass das linke Auge das linke Bild und das
rechte Auge das rechte Bild betrachtet, und Sie dann die
beiden Bilder zu einem Bild verschmelzen lassen, dann bekommen Sie den gleichen Stereoeffekt, als würden Sie sich
eine Szene direkt mit beiden Augen anschauen. Normalerweise wird ein Stereosichtgerät benutzt, um die beiden Bilder zu einem Bild zusammenzufügen.

Manche Menschen sind in der Lage, ihre Augen so anzuspannen, dass sie kein Stereosichtgerät benötigen. Das Beispiel in Abbildung II-32 zeigt Fotos, die Anfang April 2006 auf einem spirituellen Retreat gemacht wurden, zu dem Ron Roth eingeladen hatte. Wenn Sie Ihre Augen nah an das Bild heranführen, aber noch in normaler Lese-Entfernung bleiben, und Ihre Augen so anspannen, dass beide Bilder in der Mitte zu einem Bild verschmelzen (während Sie die einzelnen Bilder, die Sie immer noch an beiden Seiten wahrnehmen, außer Acht lassen), dann werden Sie feststellen, dass die Person ein ganz schönes Stück hinter den beiden Pflanzen sitzt.

Es sollte daher möglich sein, mit der gleichen Methode auch Stereobilder von Orbs zu machen. Wir haben bereits festgestellt, dass die wichtigste Voraussetzung für das Fotografieren von Orbs der Einsatz des Blitzlichts ist. Wir wissen außerdem, dass sich Orbs extrem schnell bewegen. Es kommt daher darauf an, dass die Belichtung der beiden Kameras exakt zur selben Zeit ausgelöst wird.

Um dies zu erreichen, hatte ich eine Versuchsanordnung aufgebaut, in der die Belichtungszeiten der beiden Kameras von einem einzigen Blitzlicht gesteuert wurden. Um den Blitz von Kamera A nutzen zu können, musste ich den Blitz von Kamera B ausschalten, und ihr Verschluss musste genau zu dem Zeitpunkt geöffnet sein, wenn der Blitz von Kamera A seinen Spitzenwert erreicht hatte. Dann und nur dann wäre ihre Belichtungszeit identisch und würden beide Fotos mit Hilfe eines einzigen Blitzlichts belichtet. Dies erforderte eine exakte Verschluss-Synchronisation der beiden Kameras, was nicht so leicht zu bewerkstelligen war.

Um Schwierigkeiten bei der Synchronisation zu umgehen, stellte ich bei Kamera B eine relativ lange Belichtungszeit ein und löste beide Verschlüsse so lange manuell aus, bis ich durch Ausprobieren herausgefunden hatte, wann die beiden Kameras synchronisiert waren. Nach ein paar Testläufen war ich in der Lage, eine Synchronisation mit einer Viertelsekunde Belichtungszeit bei Kamera B zu erreichen. Ich hatte dabei eine Erfolgsrate von über 50 Prozent, was so viel bedeutet, dass bei der Hälfte meiner Stereobildversuche, die ich auf diese Weise unternahm, die Belichtungszeiten tatsächlich blitzlichtsynchron waren.

In dieser Versuchsanordnung muss der Raum, in dem die Fotos gemacht werden, jedoch relativ dunkel sein, sodass die Aufnahme von Kamera B nicht wegen der langen Belichtungszeit überbelichtet wird und die Orbs, falls welche anwesend sein sollten, immer noch mit genügend scharfem Kontrast aufgezeichnet werden können.

Die oberen beiden Bilder in Abbildung II-32 sind optimal synchronisiert. Das rechte Bild wurde von Kamera A mit ihrem eingebauten Blitzlicht gemacht.[29] Das linke Bild wurde mit Kamera B aufgenommen, und zwar mit einer Belichtungszeit von einer Viertelsekunde und ausgeschaltetem Blitzlicht.[30] Die Farben des Bildes zeigen deutlich, dass die niedrigen Farbtemperaturen des vorhandenen Raumlichtes einen großen Einfluss auf die Aufnahme hatten und die Forderung nach einem dunklen Raum nur teilweise erfüllt war.

Dennoch brachten die Stereobilder, die ich durch dieses Experiment erhielt, interessante Resultate. Auf beiden Fotos waren Orbs zu sehen, aber sie waren nicht in derselben Position und hatten auch nicht dieselbe Größe! Das Resultat wurde in den beiden unteren Bildern von Abbildung II-32 festgehalten, die Vergrößerungen aus den obigen Bildern darstellen. Speziell das linke Bild zeigte einen kleinen Orb, der sich direkt über einem Zweig der Pflanze befindet, während das rechte Bild zwei Orbs zeigt, die sich links und rechts von dem Zweig aufhalten – es handelt sich eindeutig nicht um dieselben Orbs.

Warum sehen wir auf den beiden Stereobildern nicht dieselben Orbs? Immerhin hatten wir beide Bilder mit demselben Blitz aufgenommen. Auch die anderen Voraussetzungen waren erfüllt gewesen, denn sonst wären nicht auf beiden Bildern Orbs zu sehen gewesen.

Um das unerwartete Resultat – das noch auf weiteren Stereobildern, die ich auf demselben Retreat machte, festgestellt werden konnte – näher zu untersuchen, machten wir zusätzliche Stereobilder, aber dieses Mal mit zwei weiteren Einschränkungen:

- Die Bilder wurden in einem abgedunkelten Raum gemacht, sodass Kamera B kein Licht aufzeichnen konnte, das nicht durch die Blitzlicht-Synchronisation erzeugt worden war.

- Wir luden die Geistwesen innerlich ein, sich zu zeigen und an unserem Experiment teilzunehmen.

Das Resultat können Sie in Abbildung II-33 sehen. Dieses Mal waren drei Orbs im linken Teil des Stereobildes klar erkennbar, aber keine zeigten sich im rechten Teil! Bei dieser Aufnahme waren die Kameras und das Blitzlicht, das die Orbs sichtbar machte, vertauscht. In Abbildung II-32 wurden die Orbs durch die hoch auflösende Nikon-Kamera sichtbar, in Abbildung II-33 durch die Pentax-Kamera, die nicht über eine hohe Bildauflösung verfügt – was einmal mehr unterstreicht, dass das Ergebnis keineswegs auf einen Kamera-Effekt zurückzuführen ist.

Was aber geschah wirklich? Weiteres Experimentieren und weitere Beobachtungen führten zu faszinierenden Hinweisen und halfen uns schließlich, die ganze Sache zu verstehen. Bevor ich näher darauf eingehe, ist es notwendig, dass ich ein paar andere Dinge erkläre, die ich herausgefunden habe und die für meine Schlussfolgerungen wichtig sind. In dem Abschnitt »Absicht und Ausrichtung« im nächsten Kapitel, werde ich erneut auf die Stereofotografie zu sprechen kommen – und zwar mit weiteren Entdeckungen.

Bilder von Verdichtungen im feinstofflichen Energiefeld

Seitdem ich mich mit Orbs befasse, habe ich immer wieder Emanationen von Geistwesen fotografiert, die auffallend von der großen Mehrheit der Bilder abweichen. Sie unterscheiden sich zum Beispiel darin, dass sie positiv auf digitale Farbbearbeitung reagieren und/oder sehr verschiedene Formen und innere Strukturen aufweisen. Tatsächlich wurden Lichtphänomene verschiedenster Art in den unterschiedlichsten Situationen von Menschen auf der ganzen Welt gesehen – und es wurde ausgiebig darüber berichtet. Es ist deshalb wenig sinnvoll, an dieser Stelle auf dieses komplexe Thema einzugehen. Zwei außergewöhnliche Lichtphänomene wurden immer wieder beobachtet. Sie sind zwar keine Orbs, erscheinen aber immer wieder auf Fotos, auf denen auch Orbs zu sehen sind. Aus diesem Grund sollen sie hier Erwähnung finden.

Abbildung II-35 zeigt farbveränderte Bilder von den beiden Fotos, die in Abbildung II-1 dargestellt sind. Wir wollen unsere Aufmerksamkeit zuerst auf die Orbs richten. Beide Bilder wurden mit derselben Farbveränderungs-Software bearbeitet. In der oberen Abbildung wurde der Orb blau/grün (mit anderen Worten, er reagierte auf Farbveränderung), aber auf dem unteren Bild blieb er weiß. Dies kann auf eine andere Identität oder Ordnung der Geistwesen-Emanationen hinweisen, die auf diesen beiden Fotos zu sehen sind, oder es drückt die Fähigkeit von Geistwesen aus, ihre Erscheinung auf einem Foto nach Belieben zu verändern. Obgleich keine dieser Vermutungen wissenschaftlich fundiert ist und die zweite sogar noch unwissenschaftlicher ist als die erste, sollten wir nicht vergessen, dass wir uns mit einem Phänomen beschäftigen, das außerhalb des Bereichs wissenschaftlich erklärbarer Naturerscheinungen liegt.

Im oberen Foto zeigt sich ein interessantes Phänomen bei der Person und bei dem Dreieck, aber auch am äußeren Rand des Orbs. Es hat den Anschein, als ob ein Energiespektrum ausgesendet wird, das mit zunehmender Entfernung von der Person oder dem Objekt abnimmt. Außerdem wechselt die Farbe von einem höheren zu einem niedrigeren Energiezustand (in unserem Fall von blau nach grün). Diese beiden Beobachtungen sind charakteristisch für Energiefelder, von denen Menschen berichten, die Auren sehen können. Da solche Felder wahrscheinlich kein Licht im sichtbaren Bereich ausstrahlen – denn sonst könnte jeder sie sehen –, können wir annehmen, dass das Licht vom Blitz benutzt wird, um in ihnen Veränderungen im energetischen Quantenzustand zu erzeugen, wobei Photonen im sichtbaren Lichtspektrum abgegeben werden. Der einzige Unterscheid besteht in diesem Fall darin, dass ein paar Teilbereiche des ausgesandten Lichtspektrums fehlen, was die Empfindlichkeit für Farbveränderungen verursacht.

Abbildung II-34 zeigt ein Lichtphänomen, das auf den ersten Blick stark an einen echten Orb erinnert, denn es ist rund, besitzt annähernd die Größe, die wir von einem Orb gewohnt sind, und hat vor allem die Helligkeit eines Orbs. Bei näherem Hinsehen erkennen wir jedoch, dass sich das Innere dieses Gebildes grundsätzlich von den anderen Orbs unterscheidet, mit denen wir uns bislang befasst haben. Es gibt starke asymmetrische Intensitätsschwankungen im Inneren dieses Orb-artigen Flecks. Ein ähnliches Phänomen zeigt Abbildung II-30 am Kopf der rechten Person. Achten Sie darauf, dass dasselbe Foto (nicht in Abbildung II-34 zu sehen) auch ein gewöhnliches Orb an einer anderen Stelle enthält.

Wie kam dieses Bild zustande? Der Mann auf diesem Foto ist hellsichtig und weiß, dass er gezielt ein feinstoffliches Energiefeld außerhalb seines Körpers erzeugen kann. Er konzentrierte ein starkes Gedanken-Energiefeld an der Seite seines Kopfes, und als er das Gefühl hatte, es erfolgreich hergestellt zu haben, gab er die Anweisung, dieses Foto zu machen. Das Ergebnis ist in Abbildung II-34 zu sehen.

Dieser Beweis dafür, dass man ein konkretes Energiefeld außerhalb seines Körpers projizieren kann, könnte helfen, die physikalischen Zusammenhänge zu verstehen, die den Kraftfeldexperimenten und der Erforschung willentlich gesteuerter elektrischer Geräte zugrunde liegen, die von W. A. Tiller und Kollegen durchgeführt wurden.[31] Ihre Experimente beweisen eindeutig, dass der Mensch elektrische Geräte *willentlich* beeinflussen kann. Dieser Einfluss muss physikalisch-energetischer Natur sein, weil die Veränderungen, die die Wissenschaftler beobachtet haben, sich nur erklären lassen, wenn man von einer energetischen Beeinflussung des Experiments ausgeht.

Die Bedingungen, die zur Aufnahme der Orbs führten, die in Abbildung II-30 und II-34 zu sehen sind, weisen darauf hin, dass diese Erklärung richtig ist. Es handelt sich um energetische Gebilde – denn sonst könnten sie nicht von der Fotokamera aufgezeichnet werden –, und sie sind das Ergebnis der willentlichen Beeinflussung durch das menschliche Subjekt. Wenn ein Mensch fähig ist, ein energetisches Feld gezielt an seinem Kopf zu erzeugen, dann müssen wir auch annehmen, dass er Energie an jeden anderen Punkt im Raum übertragen kann.[32]

Einordnung der inneren Strukturen

In vielen Fällen werden durch eine Vergrößerung des Orbs innere Strukturen sichtbar, die wahrscheinlich einzigartig für spezielle Geistwesen sind. Obgleich mehrere hellsichtige Menschen individuelle Geistwesen namentlich identifiziert haben, möchte ich an dieser Stelle nicht weiter ins Detail gehen, und zwar aus zwei Gründen: Zum einen verfüge ich selbst nicht über die psychischen Fähigkeiten, die diese Menschen haben – auch wenn ich sie gut kenne und sehr schätze –, und ich möchte mich in dieser wichtigen Angelegenheit nicht auf das Hörensagen verlassen, obwohl ich ihnen in dieser Hinsicht vertraue. Zum anderen, und das ist entscheidender, sehen wir Emanationen von Geistwesen und nicht ihre Gesamtheit. Diese Emanationen können sehr gut über bestimmte »Schwingungsaspekte« jener Wesen verfügen, von denen sie stammen – und vielleicht können Hellsichtige dieses wahrnehmen. Es ist daher eher unwahrscheinlich, dass sie optische, sichtbare Strukturen aufweisen, nach denen wir sie identifizieren können.

Dennoch haben meine Untersuchungen für mich deutlich gemacht, dass die inneren Strukturen der Orbs auf die Anwesenheit mehrerer Typen von Geistwesen-Emanationen hinweisen. Darüber, ob diese Typen bestimmte Ordnungen oder Kategorien oder hierarchische Geistesebenen repräsentieren, möchte ich an dieser Stelle nicht spekulieren.

Ich finde es bemerkenswert, dass oft in bestimmten Situationen oder in Verbindung mit bestimmten Individuen der gleiche Typ von Geistwesen-Emanationen auftritt. Die Geistwesen, die bei der Veranstaltung am 26. September 2004 an zwei verschiedenen Stellen in Erscheinung traten (nämlich über und in dem Dreieck, siehe Abbildungen II-1 und II-3), sind wahrscheinlich zwei verschiedene Wesen, da sich ihre innere Struktur deutlich voneinander unterscheidet. Ich habe sie daher »Typ A« und »Typ B« genannt.

Wie bereits oben erwähnt, sticht das Geistwesen vom Typ A, das in Abbildung II-1b zu sehen ist, aus allen Aufnahmen, die ich jemals von Geistwesen gemacht habe, stark hervor. Es ist extrem hell und resistent gegen Farb- und/oder Kontrastbearbeitung. Dennoch ist es nicht einfach nur ein heller Punkt, sondern es hat eine innere Struktur, die nach Überzeugung der erwähnten Hellsichtigen eindeutig den sehr hochrangigen Geistwesen zuzuordnen ist. Die physikalischen Anhaltspunkte deuten darauf hin, dass das Abbild dieses Geistwesens wahrscheinlich aus dem gesamten Farbspektrum der Wellenlängen im sichtbaren Bereich zusammengesetzt ist. Keine Farbe wird bevorzugt betont – es herrscht die perfekte spektrale Harmonie.

Das Geistwesen vom Typ B, das in dem Dreieck in Abbildung II-3 zu sehen ist, hat eine geringere Leuchtkraft und ist dennoch ohne elektronische Nachbearbeitung klar zu erkennen. Es verfügt über innere Strukturen, die denen von Typ A ähneln, aber sie sind weicher, und das dunkle Segment, das wie ein »Auge« aussieht, ist rund und nicht rechteckig wie bei Typ A. Ich habe Geistwesen-Emanationen vom Typ B in vielen Situationen beobachtet. Es war zum Beispiel bei der Einsegnungsfeier in Abbildung II-4 anwesend.

Mehrere Emanationen von Geistwesen wurden in unterschiedlichen Situationen fotografiert, in denen Ron Roth heilte oder betete, die dem Typ B vom Äußeren her zwar ähneln, aber dennoch verschieden genug sind, um sie als Typ C (Abbildung II-36) einordnen zu können. Typ C wurde am 30. Januar 2004 beobachtet, als Ron Roth eine Heilungszeremonie in Abadiânia durchführte. Während das »Auge« ähnlich ist wie in Typ B, weisen die inneren Strukturen symmetrische Linien auf, die auf anderen Fotos nicht zu sehen waren. Achten Sie darauf, dass ein zweites Wesen in der oberen linken Ecke über das Geistwesen vom Typ C gelagert ist; es konnte nicht identifiziert werden.

Typ D hat relativ kontrastreiche konzentrische Formen, und das »Auge« scheint mehr im Zentrum zu liegen. Geistwesen vom Typ D haben keine ausgeprägte Symmetrie. Sie wurden oft in der Nähe von oder auf Ron Roth beobachtet, besonders wenn er Heilungen durchführte. Die Abbildung II-24 zeigt ein typisches Beispiel.

Die Emanationen von Geistwesen in Abbildung II-11 haben auch ein »Auge« in der Nähe des Zentrums, aber ihre sonstige innere Struktur unterscheidet sich substanziell von den Typen A bis D. Die innere Struktur ist weniger klar definiert und umfasst kleine helle Punkte, die wahllos verteilt sind. Ich habe sie Typ E genannt und in die zusammenfassende Abbildung der verschiedenen Typen von Geistwesen in Abbildung II-36 mit aufgenommen. Das Erstaunliche an Geistwesen vom Typ E ist, dass sie eine relativ hohe Leuchtkraft haben und eindeutig heller sind als Typ B bis D, was möglicherweise darauf hinweist, dass es sich um höher entwickelte Geistwesen handelt.

Noch ein anderer Typ von Geistwesen wurde auf Fotos von Veranstaltungen entdeckt, die nicht ausdrücklich »spiritueller« Natur waren, wie Sie in den Abbildungen II-7 bis II-10 sehen können. Diese Wesen, die ich als Typ F und G bezeichne und die in Abbildung II-36 zu sehen sind, verfügen normalerweise über eine etwas geringere Leuchtkraft, eine ziemlich gleichförmige, unklare innere Struktur und haben anscheinend kein »Auge«. Typ F hat ein schönes symmetrisches, mandalaartiges inneres Muster. Es war bei der Kindertheater-Aufführung anwesend (Abbildung II-8) und zeigte sich auf mehreren Bildern, die ich fotografierte. Typ G erschien auf einer Reihe von Fotos, die ich auf einer fröhlichen Abendparty während eines Heilseminars von Ron Roth gemacht hatte (Abbildung II-7). Dieser Typ verfügt über hohe Kontraste an der Peripherie, aber buchstäblich keine unterscheidbaren inneren Strukturen, obgleich die Bedingungen bei der Aufnahme so waren, dass eine Struktur hätte sichtbar werden müssen, wenn sie vorhanden gewesen wäre. Unvoreingenommen und ohne mich nach unwiderlegbaren Tatsachen richten zu müssen, interpretiere ich die Abwesenheit innerer Strukturen als einen Typ von Geistwesen, der vielleicht nicht so hoch entwickelt ist wie die anderen Typen.

Auf ein paar Fotos haben die Orbs nur eine schwache äußere Begrenzung. Ein Beispiel dafür ist das hellere von zwei Geistwesen in Abbildung II-25. Es ist möglich, dass so ein Effekt auftreten kann, wenn ein Geistwesen fotografiert wird, während es gerade seine Größe verändert. Diese Annahme würde erklären, warum dieses ziemlich leuchtende Bild, das auf eine entwickelte Natur des fotografierten Geistwesens schließen lässt, keine inneren Strukturen aufweist, sondern aufgrund konzentrischer Bewegung unscharf ist. Dennoch weiß ich nicht, ob diese Interpretation stimmt, und daher habe ich diesen Orb als Typ H in die Abbildung II-36 aufgenommen. Achten Sie auch darauf, dass das andere Wesen, das in Abbildung II-25 auftaucht – und zwar »auf Kommando«, wie ich weiter oben erklärt habe –, klare innere Strukturen aufweist, die an Typ C erinnern.

10

Forschungsergebnisse
richtig verstehen

In all den Jahren, in denen ich jetzt schon Emanationen von
Geistwesen fotografiere, haben sich für mich viele Fragen
gestellt: Was sehen wir eigentlich? Wie kann man diese Beobachtungen mit dem vergleichen, was geistige Visionäre
erfahren, zum Beispiel jene, die die Erscheinungen der Heiligen Mutter in Medjugorje empfangen haben?

In diesem Kapitel versuche ich einige dieser Fragen zu
beantworten und meine Forschungsergebnisse zu erklären.
Ich werde Ihnen auch mitteilen, was ich aus dem Fotografieren dunkler Wesen gelernt habe.

Vergleich mit den Erscheinungen von Medjugorje

In den frühen Achtzigerjahren (hauptsächlich zwischen
1981 und 1984) riefen die Erscheinungen der Heiligen Mutter in dem damals zu Jugoslawien gehörenden Dorf Medjugorje weltweites Interesse hervor. Ungefähr 40 Kinder und
junge Erwachsene im Alter zwischen 10 und 20 Jahren sahen diese Erscheinungen über einen Zeitraum von mehreren
Tagen, normalerweise einmal am Tag für eine durchschnitt-
liche Dauer von einer Minute. Mehr als 1000 Erscheinungen
wurden bis 1984 gezählt.

Die Visionäre hatten diese Erscheinungen angeblich in Form eines wirklichen Sichtbarwerdens der Heiligen Mutter und einer wirklichen Beteiligung der Sinne in einer Form, die der eines Gesprächs ähnelte – im Gegensatz zu Bildern, die dem menschlichen Geist aus einer anderen Dimension übermittelt werden.[33] Diejenigen, denen die Heilige Mutter erschienen war, stellten Fragen und bekamen Antworten. Sie konnten glaubhaft machen, dass sie die Heilige Mutter sahen und hörten. Obgleich Messungen der Gehirnwellen bestätigten, dass eine Gehirnaktivität stattfand, wie man es in einem Gespräch auch erwarten würde, wurde wissenschaftlich festgestellt, dass die physischen Hör- und Sehorgane der Visionäre nicht beteiligt waren. Menschen in ihrer Umgebung, einschließlich der Wissenschaftler, die die Kinder während der Erscheinungen intensiv untersuchten, hörten oder sahen nichts von dem, was vor sich gegangen war.

Die Erfahrungen dieser Kinder wurden als so außergewöhnlich eingestuft, dass mehrere Studien durchgeführt wurden, um ihre Glaubwürdigkeit zu untermauern und auszuschließen, dass es sich um Halluzinationen oder bewusste Täuschungen handelte. Wohl der interessanteste wissenschaftliche Bericht über diese Studien wurde 1985 von René Laurentin und Henri Joyeux veröffentlicht (siehe Literaturverzeichnis). Zu den zahlreichen wissenschaftlichen Untersuchungen, die mit den Visionären, die die Erscheinungen sahen, gemacht wurden, gehörten Elektrokardiogramme, Gehirnwellenmessungen, Hörtests, visuelle Tests, Überprüfung des Blutdrucks und ausführliche psychologische Testreihen.

Eine der wesentlichen Schlussfolgerungen aus diesen Studien war, dass man die Erscheinungen als Kontakte mit einer

Repräsentantin der »Ewigen Wirklichkeit« betrachtete.[34] Die Autoren folgerten daraus, dass bestimmten Individuen die Gnade widerfährt, an diesen Kontakten teilnehmen zu dürfen, und dass diese Kontaktform die visuellen, auditiven und sensorischen Fähigkeiten der Empfänger umging, so dass die Heilige Mutter direkt mit dem Geist der Visionäre kommunizieren konnte. All dies ging eindeutig aus den wissenschaftlichen Untersuchungsergebnissen hervor. Die psychologischen Tests ergaben, dass die Beteiligten gesund waren, eine große Bandbreite von Charaktereigenschaften und Mentalitäten repräsentierten und dass Halluzination oder unehrliches Spiel ausgeschlossen werden konnten.

Die Autoren nehmen an, dass die Erscheinungen von einem Subjekt (in diesem Fall der Heiligen Mutter) aus der Ewigen Wirklichkeit ausgelöst wurden. Sie glauben, dass die Mittel oder die Methoden, die der Ewigen Wirklichkeit zur Verfügung stehen, viel wirkungsvoller sind und mehr umfassen, als die physische Realität zu bieten hat, und es daher für Wesenheiten aus der Ewigen Wirklichkeit leicht möglich ist, eine Kommunikation mit den Menschen herzustellen, die direkt bis in den Kern menschlicher Wahrnehmung reicht.[35]

Über Medjugorje hinausschauen

Laurentin und Joyeux stellten auch die Hypothese auf, dass die Erscheinungen einen bestimmten Zweck gehabt haben müssen, der darüber hinausgeht, einfach nur direkten Kontakt mit einzelnen Individuen herzustellen. Leider haben sie hierzu nicht mehr geschrieben. Wir können nur vermuten, dass der Zweck darin bestanden haben könnte, innerhalb der kritischen und ungläubigen Menschheit an Glaubwürdigkeit zu gewinnen. Trotz der überwältigenden Beweise, dass es den spirituellen Bereich wirklich gibt – auch wenn die Kritiker solche Erscheinungen weiterhin für nicht bewiesene Einzelfälle halten –, handelt die herrschende Schicht der Menschheit immer noch so, als wäre dies nicht der Fall. Ihre fehlgeleiteten Handlungen haben die Welt bis an den Rand der Selbstzerstörung gebracht. Eine Akzeptanz der spirituellen Wirklichkeit würde den Menschen einen starken Auftrieb geben und sie vielleicht »über den Berg bringen«, wenn die Existenz einer geistigen Welt auch von der Wissenschaft anerkannt wird.[36]

Wenn dies wirklich die zentrale Absicht der Erscheinungen gewesen ist, dann ist es schade, dass sie nicht oder nur marginal erfolgreich war. Die außergewöhnlichen Ereignisse von Medjugorje haben nicht den öffentlichen Widerhall gefunden, der notwendig gewesen wäre, um einer großen Öffentlichkeit bekannt und von ihr akzeptiert werden. Sie blieben vielmehr ein interessantes spirituelles Phänomen, das im Laufe der Jahre nur eine kleine Anzahl von Interessierten erreicht hat. Abgesehen davon ist der Einfluss der Skeptiker immer noch so stark, dass die Ereignisse – trotz der zwingenden Berichte über jene Erscheinungen – als Halluzinationen und geistige Verwirrung abgetan werden. Mehr als 20 Jahre später ist es sogar schwierig geworden, ein Exemplar des hervorragenden Buches von Laurentin und Joyeux aufzutreiben.

Viele Menschen, und wahrscheinlich die meisten von denen, die dieses Buch lesen, glauben an die Existenz einer geistigen Welt, innerhalb derer unsere physische Realität nur eine Art Nebenschauplatz ist. Sie betrachten ihr Leben im Zusammenhang einer viel umfassenderen Wirklichkeit – und diese Sichtweise gibt ihnen das Gefühl, dass ihr Leben einen tieferen Sinn hat.

Ich nehme an, hoch entwickelte Geistwesen in der geistigen Welt sehen, dass die Menschheit dringend ihre Bestimmung finden muss. Durch phänomenale Ereignisse wie die Erscheinungen von Medjugorje, versuchen sie der Menschheit bei diesem epochalen Bewusstseinssprung zu helfen. Medjugorje hätte diesen Sprung schon bewirken können, aber wir waren kollektiv noch zu »beschränkt« oder zu fasziniert von einem falschen Verständnis von Wissenschaft, um das damalige Ereignis in seiner Bedeutung würdigen zu können. Es war nicht wichtig genug. Die Erscheinungen waren nur für eine sehr kleine Anzahl von Menschen eine primäre Erfahrung, für alle anderen waren sie sekundärer Natur – man hatte eben davon gehört, mehr nicht. Es gab keinen unwiderlegbaren wissenschaftlichen Beweis und keine Bilder – nichts, was als wissenschaftlicher Beweis in die Annalen der Physik hätte eingehen können.

In diesem Zusammenhang sollte eine bedeutende Beobachtung erwähnt werden, die bei der letzten Erscheinung in Medjugorje gemacht wurde. Alle fünf Visionäre, die diese Erscheinung sahen, erklärten unabhängig voneinander den Wissenschaftlern, die sie testeten, dass die letzten Worte der Heiligen Mutter lauteten: »Es wird noch mehr Erscheinungen der Heiligen Mutter auf dieser Erde geben« (Laurentin und Joyeux). Keiner der Visionäre sagte mehr dazu, obwohl sie hinterher mit Fragen bombardiert wurden. Sie behaupteten alle, dass dies die Worte der Heiligen Mutter gewesen seien und sie es bedauerten, nicht weitere Fragen gestellt zu haben.

Vielleicht, so geht die Hypothese weiter, ist die Fotografie von Geistwesen-Emanationen ein weiterer Versuch der geistigen Welt, wahrscheinlich einer von vielen, in die gleiche Richtung. Diesmal gehen die Erscheinungen einen Schritt weiter. Diesmal liefern sie einen unwiderlegbaren wissenschaftlichen Beweis in Form der Fotografien. Fotos sehen nicht nur eine Handvoll Leute, während der Rest von der direkten Wahrnehmung der Ereignisse ausgeschlossen bleibt. Fotos sind für alle sichtbar – diesmal steht der Beweis allen zur Verfügung. Man muss keine Voraussetzungen mehr erfüllen, zum Beispiel außergewöhnliche psychische Fähigkeiten besitzen. Der Beweis ist unterschiedslos für alle zugänglich, die sich die Mühe machen, ihn zu überprüfen.

Wenn meine Hypothese von der Absicht der Geistwesen stimmt, dann haben sie diesmal mehr Aussicht auf Erfolg. Wissenschaftler haben nämlich die Pflicht, sich physikalische Beweise anzuschauen. Einfach wegzuschauen ist nicht gerade ein angemessenes Verhalten für einen guten Wissenschaftler. Diesmal richtet sich der Beweis direkt an die wissenschaftliche Gemeinde.

Bilder als Emanationen aus anderen Dimensionen

In Kapitel 8 habe ich eine einfache Metapher benutzt, um die Natur einer Emanation zu beschreiben. Ich habe erklärt, dass ein echter Orb wahrscheinlich eine Emanation von einem Geistwesen ist, das heißt etwas, was *von seiner Essenz ausströmt*. Aber es ist natürlich nicht ein Abbild der Gesamtheit des Geistwesens. Ein Orb ist noch nicht einmal mit dem Foto von einer Person zu vergleichen, das nur die physischen Merkmale widerspiegelt und keine verlässlichen Hinweise auf ihre mentalen, emotionalen und geistigen Eigenschaften gibt. Es ist daher eher wahrscheinlich, dass ein echter Orb weniger von einem Geistwesen darstellt, als ein Foto die fotografierte Person präsentiert.

Was offenbart der Orb dann von der Essenz eines Geistwesens, das ihn so besonders macht? Wir müssen uns zwei wichtige Dinge vor Augen führen:

- Zuallererst einmal ist ein Orb eine *physische* Manifestation. Wie bereits oben erwähnt, müssen wir davon ausgehen, dass das Geistwesen über einen Mechanismus verfügt, sich selbst so zu manifestieren, dass es mit physikalischen Mitteln aufgespürt werden kann. In unserem besonderen Fall kann es als Licht wahrgenommen werden, d.h. als elektromagnetische Wellen im sichtbaren Spektrum.

- Zweitens müssen wir davon ausgehen, dass die Bewegung des Orbs völlig von dem dazugehörenden Geistwesen dirigiert und kontrolliert wird – so wie die Scheinwerfer eines Autos durch den Fahrer gesteuert werden.

Diese beiden Punkte entfachen eine weitergehende Diskussion. Die Erfahrung, die die Menschheit mit Erscheinungen hat (und die der Heiligen Mutter in Medjugorje sind wahrscheinlich die eindruckvollsten und wissenschaftlich am besten erforschten), weist darauf hin, dass Geistwesen in bestimmten Situationen die Fähigkeit haben, sich physisch zu manifestieren, auch wenn dies extrem selten vorkommt.[37] Auch wenn wir einige oder sogar die Mehrheit der Erscheinungen verwerfen müssen, über die im Laufe der Zeit berichtet worden ist, weil es – aus der Sicht der Kritiker – keine wissenschaftlichen Untersuchungen gibt, um sie von Halluzinationen und anderen abqualifizierenden Behauptungen zu unterscheiden, so glaube ich, dass allein die Nachforschungen, die über die Erscheinungen von Medjugorje angestellt wurden, ein ausreichender Beweis für die Existenz von Geistwesen sind.

Der zweite Punkt ist nicht nur der wichtigere von beiden, er leuchtet gleichzeitig auch mehr ein. Wenn ein Orb die sichtbare Erscheinung eines Geistwesens ist, dann ist es nicht schwer sich vorzustellen, dass das Geistwesen, von dem er stammt, seine Beweglichkeit, Größe, Erscheinung usw. völlig kontrolliert. Es ist dann irrelevant für die Schlussfolgerungen, die wir in diesem Abschnitt ziehen, ob der Orb ein Abbild des Geistwesens als solchem oder ein Abbild seiner Emanation ist. Beides würde zu denselben Aussagen über Geistwesen führen:

• Sie sind immer um uns herum.

• Sie sind hoch entwickelt und intelligent.

• Sie können ihre Größe und ihren Standort sehr schnell verändern.

Wir können diese Schlussfolgerungen in einer wichtigen These zusammenfassen: Fotografien von Geistwesen-Emanationen liefern wissenschaftlich fundierte Beweise dafür, dass die göttliche Gegenwart eine Realität ist. Ich muss allerdings hinzufügen, dass dies nur für die Kritiker, die Ungläubigen von Bedeutung ist und nicht für spirituell bewusste Menschen gilt, für die die geistige Wirklichkeit schon immer so real gewesen ist wie die physische Realität. Ich wende mich daher direkt an die Wissenschaftsgläubigen, für die nur strenge wissenschaftliche Beweise als »Wahrheiten« akzeptiert werden. Wenn man diesen Standpunkt einnimmt, ist das, wovon Geistliche in den Kirchen, Synagogen und Moscheen wie auch spirituell interessierte Mitmenschen berichten, lediglich deren persönliche Meinung. Dann bleibt nicht viel übrig von einer geistigen Welt, wenn deren Existenz nach streng wissenschaftlichen Kriterien nachgewiesen werden soll.

Ich bleibe jedoch dabei – auch wenn einzelne konkrete Beweise schnell als Einzelfälle abgetan werden –, dass die erdrückende Last spiritueller Zeugnisse letztlich genügend Beweise liefert, selbst für »fundamentalistische« Wissenschaftler.

Häufigkeit des Erscheinens und andere Faktoren

Wie ich bereits in Bezug auf Abbildung II-16 erwähnt habe, könnte man meinen, dass es für eine bestimmte Qualität spricht, wenn eine große Anzahl von Orbs auf einem Bild erscheint – so nach dem Motto: »Je mehr, desto besser.« Ich möchte diese Annahme im Folgenden näher untersuchen.

Es entspricht sicherlich der menschlichen Logik und Sichtweise, eine solche Schlussfolgerung zu ziehen. Aber wenn es um die geistige Welt geht, kommen wir mit unserer Logik oft nicht weit. Wie viele Emanationen von Geistwesen auf einem Bild erscheinen, sagt nicht mehr aus, als dass diese Geistwesen sich dafür entschieden haben, ihre Anwesenheit auf diesem Foto kundzutun. Wir können nur über die Gründe und die Identität der beteiligten Geistwesen spekulieren. Kein Ereignis ist »gut« oder »nicht gut«, »übergeordnet« oder »untergeordnet«, wenn wir es allein danach bewerten, wie viele Orbs auf einem Bild zu sehen sind. Auch die Position der Orbs, der Fotografierende und die Personen auf dem Foto sollten nicht der Gegenstand einer solchen Bewertung sein. Am besten gehen wir einfach nur davon aus, dass die Geistwesen sich dafür entschieden haben, auf diesem speziellen Foto in dieser speziellen Position sichtbar zu sein, welche Gründe sie auch immer dafür haben mögen.

Nachdem dies gesagt ist, möchte ich noch ein paar Anmerkungen machen. Die Anzahl der Bilder, die ich aufgenommen habe und auf denen echte Emanationen von Geistwesen zu sehen sind, ist seit September 2004, als ich angefangen hatte, sie zu sehen, sprunghaft angestiegen – wahrscheinlich um den Faktor 100. Außerdem werden sie auch immer häufiger von anderen Menschen gesehen. Ich habe zahllose Aufnahmen von Orbs von Menschen geschickt bekommen, die wissen, dass ich mich für dieses Thema interessiere. Obgleich auf vielen dieser Bilder nur Brechungs- und Reflexionseffekte zu sehen sind, die durch Staubkörner oder Wassertröpfchen zustande kommen, zeigen viele auch echte Orbs, und die Anzahl dieser authentischen Fotos scheint ebenfalls rasant zuzunehmen.

Auf der Grundlage dieser Tatsachen ist meiner oben dargelegten Erklärung nur schwer zu widersprechen: Die geistige Welt verfolgt mit diesem Gesichtetwerden eine bestimmte Absicht. Es kann sein, dass sie den Menschen mitteilen will, dass die geistige Existenz real ist und die Geistwesen sich große Sorgen um die Richtung machen, in welche die Menschheit gegenwärtig marschiert.[38]

Auch auf die Gefahr hin, dass ich mich hier zu weit aus dem Fenster lehne, möchte ich doch darauf hinweisen, dass die unterschiedlichen Positionen, die die Emanationen von Geistwesen auf den Fotos einnehmen, genau das Gleiche andeuten wollen. Die Position unter dem Gebetskorb (Abbildung II-12) scheint alles andere als zufällig zu sein. Die Position am Kopf des Heilers (Abbildung II-20) oder an seinem Arm (Abbildung II-24) scheint zu verkünden: »Hört auf eure spirituellen Lehrer!« und »Seid geheilt!« Die Beobachtung, dass Orbs oft auf fröhlichen Ereignissen anwesend sind (Abbildung II-7), scheint zu unterstreichen, dass die geistige Welt sich Freude für die Menschheit wünscht. Und die Tendenz, sich in der Nähe von Kindern zu zeigen (Abbildungen II-5, II-8, II-9 und II-10), scheint uns sagen zu wollen, dass sie sich um die kümmern, die diese Erde einmal erben werden. Es scheint unleugbar zu sein, dass dem Verhalten der Geistwesen eine ganz bestimmte Absicht zugrunde liegt!

Absicht und Ausrichtung

Ich habe Ihnen versprochen, noch einmal auf das Thema Stereobilder zurückzukommen, das wir im vorangegangenen Kapitel angesprochen hatten. Was geschah noch, als das Foto in Abbildung II-33 aufgenommen wurde? Was kann dazu geführt haben, dass sich die Orbs nur auf dem einen und nicht auch auf dem anderen Stereobild gezeigt haben?

In Vorbereitung dieser Aufnahmen hatte ich einen guten Freund, der über eine erstaunliche Wahrnehmung feinstofflicher Energien verfügt, eingeladen, meine Frau und mich im Hotel zu besuchen, um mit uns ein Experiment durchzuführen. Seine Rolle bestand darin, bestimmte Geistwesen zu bitten, sich an unserem Versuch, ein Stereobild ihrer Emanation aufzunehmen, zu beteiligen. Das Stereobild in Abbildung II-33 ist das Resultat.

Als unser Freund sich die Bilder anschaute, identifizierte er sofort einen der beiden kleineren Orbs als einen seiner Geistführer, den er gebeten hatte, sich in dem Experiment zu zeigen. Er identifizierte ihn einfach, weil er fühlte, dass er an der Stelle war, als das Bild gemacht wurde. Er sagte auch, sein Geistführer habe ihm mitgeteilt, dass das Experiment wahrscheinlich nicht das Ergebnis bringen würde, das er erwartete und dass die Geistwesen nur in einer Kamera sichtbar wären, aber nicht in beiden.

Was war der Grund dafür? Warum tauchten sie tatsächlich nicht auf beiden Fotos auf? Immerhin war der Versuchsaufbau fehlerlos. Es war ein und derselbe Blitz mit einer Dauer von ungefähr einer Tausendstelsekunde, der die Aufnahme in beiden Kameras auslöste. Der Orb, den die eine Kamera eingefangen hatte, war ohne jeden Zweifel echt. Und dennoch nahm die andere Kamera keinen Orb an dieser Stelle auf!

Dieses bemerkenswerte Versuchsergebnis hat vielleicht etwas mit der *Ausrichtung* zu tun. Dass ein Licht, das aus einer Quelle stammte, die nur ein paar Meter von zwei Kameras entfernt war, deren Position nur wenige Zentimeter voneinander abweichte, nur eine und nicht beide Kameras erreichte, lässt sich nur damit erklären, dass dieses Licht

stark ausgerichtet, das heißt auf eine Richtung konzentriert
war, ähnlich wie ein Laserstrahl.

Wenn dies wirklich die richtige Schlussfolgerung ist,
dann lassen sich damit eine Reihe bemerkenswerter Beobachtungen erklären:

- Stark ausgerichtetes Licht ist wahrscheinlich gebündelt;
  mit anderen Worten, seine ungestörte Wellenfront ist einseitig ausgerichtet, und die Photonen sind phasengleich.
  Wenn gebündeltes Licht ein starkes elektrischen Feld
  passiert – was sehr wahrscheinlich in der energetischen
  Kugel geschieht, von deren Zentrum es ausstrahlt –,
  dann können typische Phasenverschiebungen in den ausgesandten Lichtstrahlen auftreten, die Interferenzen in einer Bildebene bewirken, die im rechten Winkel zu der
  Richtung verläuft, in die das Licht strahlt – wie zum Beispiel in unsere digitale Kamera.[39] Diese Interferenzen
  können eine Erklärung für die konzentrischen, an Fres-
  nelringe erinnernden Dichteunterschiede sein, die oft in
  Orb-Abbildungen beobachtet werden.

- Diese konzentrischen Dichteunterschiede sollten wie unscharfe Bilder aussehen, wie wir sie tatsächlich im Fall von
  »falschen Orbs« beobachten können. Wir hätten damit
  eine plausible Erklärung, warum sich falsche und echte
  Orbs so sehr ähneln.

- Auch bei gezielter Ausrichtung dieser ausströmenden
  Lichtstrahlen wäre es grundsätzlich möglich, Bilder von
  Geistwesen-Emanationen für zufällige Ereignisse zu hal-
  ten. Sollten sie aber zufällig sein, wäre die Wahrschein-

lichkeit, dass ein laserartig ausgerichteter Strahl exakt aus einer Entfernung von mehreren Metern auf die Kameralinse zielt, und dies alles in dem extrem kurzen Moment, in dem der Verschluss geöffnet ist, in der Tat sehr gering. Es wäre extrem unwahrscheinlich, dass man bei einer so geringen Wahrscheinlichkeit tatsächlich ein Orb beobachten könnte. Deshalb müssen wir stattdessen annehmen, dass die Ausrichtung gezielt geschieht und beabsichtigt ist. Mit anderen Worten, die Geistwesen müssen es wollen, ihre Lichtstrahlen in die Kamera zu richten – sie müssen den Wunsch haben, gesehen zu werden.[40]

- Einen stark ausgerichteten, gebündelten Lichtstrahl erfolgreich für die kurze Dauer des Blitzlichts in zwei Kameras zu lenken, wobei die gleiche Lichtmenge auf beide Kameras treffen muss – so wie ich es mir vorgestellt hatte –, ist vielleicht eine zu schwierige Aufgabe selbst für machtvolle Geistwesen, wenn man bedenkt, wie begrenzt die physikalischen Bedingungen sind, die uns zur Verfügung stehen.

Ich hatte also auf das Unmögliche gehofft und die Geistwesen gaben unter den gegebenen Umständen ihr Bestes. Und dies bestand darin, entweder in der einen oder der anderen Kamera aufzutauchen (unabhängig davon, welche den Blitz auslöste), aber nicht in beiden gleichzeitig.

Die Schlussfolgerung, dass Geistwesen in bestimmten Situationen, die sie bestimmen, mit Hilfe einer digitalen Kamera gesehen werden wollen, stimmt mit Kenntnissen der der modernen Physik überein. Wir wissen inzwischen, dass wir in einem teilnehmenden Universum leben. Die Annahme, dass ein physikalisches Experiment ein klar definierbares, sicheres Resultat erbringt, ist nicht länger gültig. Der Beobachter – die Person, die das Experiment durchführt – wird zu einem Teilnehmer am Experiment und beeinflusst somit das Ergebnis.

Wenn wir echte Orbs fotografieren, haben wir als Fotograf durch unsere Absicht einen Einfluss darauf, ob Orbs auf unseren Bildern erscheinen oder nicht. Es ist nicht einfach nur Zufall, ob Orbs auf unseren Bildern erscheinen – wir können es selbst beeinflussen. Es ist nicht klar, wie dieser Einfluss aussieht, aber es geht sicherlich nicht darum, dass eine Person in irgendeiner Hinsicht »besser« ist als die andere – mit der Ausnahme vielleicht, dass Geistwesen nur dann Ihre Kamera auswählen, wenn Sie offen dafür sind, ihre Emanation aufzunehmen.

Dunkle Energien: schwächer entwickelte Geistwesen

Bislang habe ich mich auf die Emanationen von hoch entwickelten Geistwesen beschränkt. Nicht alle Geistwesen sind jedoch gleich weit entwickelt, in der geistigen Welt existiert vielmehr ein unermessliches Spektrum an Bewusstsein. Es reicht von den Erzengeln bis zu Wesen, die so wenig entwickelt sind, dass sie gar nicht wahrnehmen, nicht im physischen Bereich zu leben. Sie klammern sich an die vergängliche irdische Existenz (bis ihnen schließlich dabei geholfen wird, ihre Reise zu höheren geistigen Ebenen fortzusetzen). In diesem Abschnitt wollen wir uns kurz die fotografischen Beweise anschauen, die nicht weit entwickelte

Geistwesen hinterlassen, und sie mit den Emanationen hoch entwickelter Geistwesen vergleichen.

Wie ich in der Einleitung erwähnt habe, gab mir ein Freund eine Reihe von Fotos, auf denen das zu sehen war, was er für dunkle Geister hielt. Eins dieser Fotos ist in Abbildung II-37 zusehen. Mein Freund hatte mit seinem Team den Auftrag bekommen, ein bekanntes historisches Gebäude in Südkalifornien von erdgebundenen Geistern zu befreien. Das Foto weist drei dunkle Bereiche auf, die auf den nachfolgenden Fotos an einer anderen Stelle zu sehen sind, und mein Freund und seine Mitarbeiter glaubten, dass es sich um Orbs von nicht hoch entwickelten Geistern handelte.

Die folgenden Beobachtungen zeigen, wie sich diese Orbs von den Orbs unterscheiden, die wir bisher vor allem untersucht haben:

- Die Orb-artigen Gebilde waren im Gegensatz zu den Orbs, die ich vorher gesehen hatte, eindeutig *dunkler* als ihre Umgebung.

- Der Kontrast ihrer Struktur war auf den ursprünglichen Fotos sehr gering.

- Sie reagierten nicht auf Farbbearbeitung, und auch nach einer Verstärkung des Kontrastes konnte man sie nur geringfügig besser erkennen.

- Es gab Hinweise auf einen Ring höherer Dichte um den dunklen Bereich herum, ähnlich dem optischen (durch Lichtbrechung entstehenden) Fresnelring (siehe untere rechte Seite von Abbildung II-37).

- Auf keinem der Fotos, die ich vorher gemacht hatte – wenn auch in Situationen, die wahrscheinlich eher die Anwesenheit hoch entwickelter Geistwesen förderten –, waren ähnliche Gebilde zu sehen.

Diese Untersuchungsergebnisse bestätigen die Vermutung, dass hoch entwickelte Geistwesen ganz bestimmte Situationen auswählen, um gesehen zu werden, und welcher Mechanismus es ermöglicht, dass sie auch tatsächlich sichtbar werden. Bei der Fotografie von nicht hoch entwickelten Geisterwesen ist es jedoch ganz anders. Anstatt sichtbares Licht in die Digitalkamera zu senden, in der sie gesehen werden möchten (wie es der Fall bei erleuchteten Wesen ist), wollen dunkle Wesen ganz bewusst nicht gesehen werden oder verfügen nicht über die Intelligenz oder die Mittel, um sich »ins Licht« zu bringen. Die physikalische Erklärung für die runden dunklen Punkte, die sie auf den Fotos hinterlassen, besteht darin, dass diese dunklen Geister ein räumlich begrenztes, verdichtetes und konzentrisches Energiefeld haben, das in der Lage ist, sichtbares Licht zu absorbieren und/oder zu brechen. Auf diese Weise reduzieren sie das Licht, das von der Kamera empfangen wird (anstatt es zu verstärken) – daher die dunklen Stellen. Die Beobachtung von Brechungsringen um einen dunklen Bereich unterstreicht diesen Erklärungsansatz.[41]

Es ist bemerkenswert, dass wir keine Hinweise auf dunkle Orbs in mehreren hundert Bildern finden, die Emanationen von entwickelten (Licht-)Wesen zeigen, und auch nicht in Tausenden von Bildern, die in gleichen Situationen gemacht wurden und auf denen überhaupt keine Orbs zu sehen sind.[42]

Obwohl viele dieser Bilder einen dunklen Hintergrund haben, der es sehr erschwert, dunkle Gebilde (selbst mit den modernsten Kontrastbearbeitungsprogrammen) überhaupt wahrzunehmen, zeigen viele Bilder helle Zimmerwände und Decken, die es uns erlauben würden, eventuell vorhandene Kontrastunterschiede zu registrieren. Wir können daraus folgern, dass sich dunkle Wesen in unmittelbarer Nähe von Lichtwesen nicht wohlfühlen und einfach nicht anwesend sind – und wenn doch, dann nur in sehr seltenen Fällen.

Außerdem gestattet eine Absorption bzw. Brechung – im Gegensatz zur Emission – keine genaue Ausrichtung wie im Fall der Emanationen von entwickelten Geistwesen, da das Licht, das von den dunklen Geistern absorbiert oder gebrochen wird, normalerweise richtungslos ist. Wir könnten daher erwarten, dass dunkle Wesen dieser Art auf allen Fotos auftauchen, mit welcher Kamera und von welchem Fotografierenden sie auch immer gemacht sein mögen – und zwar ohne bewussten Einfluss von Seiten des dunklen Wesens oder der fotografierenden Person. Fotos, auf denen ein dunkles Wesen abgebildet ist – wenn auch im Allgemeinen mit sehr wenig Kontrast –, müssten von daher relativ häufiger auftreten als Aufnahmen von intelligenten Lichtwesen. Da sie aber nur selten beobachtet werden, können wir daraus den Schluss ziehen, dass nur relativ wenige solcher dunklen Wesen existieren. »Der Schatten der unsichtbaren Zeugen um uns herum« scheint hauptsächlich aus Lichtwesen zu bestehen.

• • •

Der verstorbene britische Astrophysiker Sir Fred Hoyle sagte in den Fünfzigerjahren voraus, dass die Menschheit einen gewaltigen Bewusstseinssprung erleben werde, wenn wir die Erde eines Tages auf einem Foto sehen, das vom Weltraum aus gemacht wurde. Diese Voraussage wurde durch jüngste Forschungen im Bereich der Kinesiologie bestätigt, die der Psychiater Dr. David R. Hawkins durchgeführt hat. Könnte heute nicht in ähnlicher Weise die Tatsache, dass jeder, der eine Digitalkamera besitzt, die Orbs fotografieren kann, zu einem Quantensprung des menschlichen Bewusstseins führen?

Wir würden uns dann nicht länger nur als Bewohner der physischen Welt betrachten, sondern auch als Mitglieder einer übergeordneten Realität, die jenseits des klassischen physikalischen Universums liegt. Dieser Bereich – ich nenne ihn die spirituelle Wirklichkeit – und unsere physische Realität sind eins. Sie und ich, wir gehören beiden Bereichen an und sind mit beiden eins.

Abbildungen von Orbs erinnern uns unleugbar daran, dass das Leben weit mehr umfasst, als was sich der gewöhnliche Realist darunter vorstellt. Ich hoffe, die Orbs-Bilder werden mehr und mehr auch die Realisten davon überzeugen, dass die Realität, wie wir sie im Alltag wahrnehmen, viel zu begrenzt ist, um alles zu umfassen, was wirklich ist. Ein unsichtbarer Schatten von Zeugen um uns herum ist sichtbar geworden und teilt uns mit, was er zu sagen hat.

Nachwort

Emanationen von Geistwesen und Heilung unter ihrer Regie

Unter den Abbildungen im Bildteil befinden sich viele Fotos, die ich auf Veranstaltungen gemacht habe, bei denen es um geistiges Heilen ging. Ich möchte daher noch ein paar Worte über die unter der Regie von Geistwesen durchgeführte Heilung verlieren, denn meine Beschäftigung mit den Orbs hat natürlich auch die Frage aufgeworfen, wie das Orb-Phänomen und die Heilung durch Geistwesen zusammenhängen.

Die Kunst, körperliche Krankheiten erfolgreich zu behandeln, ist von zahllosen Heilern auf überwältigende Weise demonstriert worden. Dennoch wissen wir nicht, was wirklich bei einer Geistheilung geschieht – wie geistige Absicht, Weisheit und Zielrichtung in physikalische Energie umgesetzt und in bestimmte Körperbereiche des Patienten gelenkt werden, damit sich die Heilung auch körperlich manifestieren kann.

Das Fotografieren von Geistwesen-Emanationen hat mich hinsichtlich der Mechanismen, die an einer Heilung unter der Regie von Geistwesen beteiligt sind, zu bestimmten Schlussfolgerungen kommen lassen. Ich möchte Ihnen gerne eine Hypothese vorstellen, wie es funktionieren könnte, und zwar auf der Grundlage der besonderen Merkmale der Emanationen von Geistwesen. Wie Sie noch sehen werden, stimmt die moderne Art der Geistheilung mit meiner Hypothese überein.

Heilung unter der Regie von Geistwesen

Beim Heilen unter der Regie von Geistwesen, wird der Akt der Heilung nicht vom Heiler ausgeführt. Der Heiler ist einfach nur ein Kanal, durch den die heilende Energie zum Patienten fließt (d.h. zu ihm hingelenkt wird). Die Quelle der Heilenergie ist die unbegrenzte Macht, die der geistigen Welt innewohnt, und letztlich lenken der Heilige Geist oder heilige Geistwesen den Akt der Heilung.[43]

Es gibt mehrere Mechanismen, die dafür verantwortlich zu sein scheinen, dass Geistheilung möglich ist. Wie sich jedoch noch herausstellen wird, ist eine Unterscheidung zwischen diesen Mechanismen letztlich willkürlich. Wenn Ron Roth eine Heilung durchführt, erinnert das Gefühl, das seine Heilkraft vermittelt, häufig an direkte Wellen. Dies stünde im Gegensatz zu einer Heilung, bei der der Heiler nur ein Kanal ist, durch den Geistwesen arbeiten. Diese Form des Heilens unter der Regie von Geistwesen wird zum Beispiel von dem brasilianischen Heiler João de Deus praktiziert. Er wirkt als Vermittler zwischen einem hoch entwickelten Geistwesen und dem Patienten. Das Geistwesen – eines von ungefähr 30 Wesenheiten, die mit Hilfe von João de Deus »Operationen« durchführen – scheint in seinen Körper zu schlüpfen und buchstäblich die Kontrolle über alles, was geschieht, zu übernehmen. Die Einsichten, die wir aus den Untersuchungen der Fotoaufnahmen von Geistwesen-Emanationen gewonnen haben, helfen uns zu verstehen, wie diese entwickelten Geistwesen oder Wesenheiten tatsächlich ihre heilende Arbeit im physischen Körper des Patienten durchführen.

Operationen im Haus von Dom Inácio

Im Haus von Dom Inácio im brasilianischen Abadiânia führt João de Deus zwei Arten von Operationen durch, die von Geistwesen gelenkt werden: sichtbare und unsichtbare. Unsichtbare Operationen finden häufiger statt als sichtbare, und die Assistenten im Haus bestehen darauf, dass die unsichtbaren genauso wirkungsvoll sind wie die sichtbaren. Sie behaupten, der Hauptzweck der sichtbaren Operationen bestünde darin, den Skeptikern zu zeigen, dass hier tatsächlich etwas Reales geschieht. Wenn man einer sichtbaren Operation beiwohnt, die ohne Betäubungsmittel mit stählernen Werkzeugen durchgeführt wird, die auf mysteriöse Weise ihre physische Form verändern, wenn sie in den Körper eingeführt werden, fällt es selbst dem stärksten Skeptiker schwer, an seinem Zweifel festzuhalten.

Eine hellsichtige Person, die die Aura des operierten Patienten sehen kann, hat mir anvertraut, dass João de Deus mit dem Energiekörper arbeitet und nicht mit dem physischen Körper. Wie aber manifestiert sich eine Operation am nicht physischen Körper des Patienten in seinem physischen Körper? Wie bewirken die unsichtbaren und sichtbaren Operationen, die von den Wesenheiten im Haus von Dom Inácio durchgeführt werden, dass Krebszellen verschwinden, Tumore schrumpfen (und/oder so eingekapselt werden, dass sie unschädlich sind), Diabetes geheilt wird, Knochenbrüche spontan heilen, Hautausschläge verschwinden, Blindheit geheilt wird, der Patient wieder hören kann und Ähnliches? Was geschieht dabei wirklich? Was wir durch unser Studium der Fotos von Geistwesen-Emanationen herausgefunden haben, lüftet dieses Geheimnis vielleicht ein wenig.

Was Geistwesen zum Heilen prädestiniert

Neben anderen Dingen, die wir herausgefunden haben, können wir aus den fotografischen Untersuchungen von Orbs die folgenden Schlüsse ziehen:

Geistwesen haben eine extrem hohe Beweglichkeit

In Bezug auf die Abbildungen II-2 und II-10 konnten wir bestimmen, dass sich das fotografierte Geistwesen mit einer Geschwindigkeit von mehreren hundert Stundenkilometern bewegte. Obgleich dies hoch zu sein scheint, ist diese Geschwindigkeit am unteren Ende dessen angesiedelt, was eigentlich möglich wäre und normalerweise in der geistigen Welt geschieht. Die normale, gewohnte Bewegungsgeschwindigkeit von Geistwesen kann durchaus um einige Größenordnungen schneller sein. Der Grund dafür, warum wir relativ selten Emanationen von Geistwesen auf Fotos sehen, könnte sehr gut darin bestehen, dass sie zwar oft anwesend sind, sich aber so schnell bewegen, dass es absolut keine Möglichkeit gibt, sie mit der Kamera einzufangen – es sei denn, sie *wollen* fotografiert werden und verlangsamen ihre Geschwindigkeit.

Emanationen von Geistwesen weiten sich schnell aus und ziehen sich wieder zusammen

In Abbildung II-4 und II-9 verändert vermutlich dasselbe Geistwesen seine Größe zwischen zwei Belichtungen. Ich glaube, dies ist wirklich ein außergewöhnliches Beispiel – und zwar außergewöhnlich in Hinsicht auf die langsame Geschwindigkeit der Expansion, die in den Bildern zum Ausdruck kommt. Es könnte sehr gut sein, dass man deshalb nur sehr selten dasselbe Geistwesen auf zwei aufeinanderfolgenden Bildern sieht, weil Geistwesen sich normalerweise mit einer solch hohen Geschwindigkeit ausweiten, dass es unmöglich ist, sie auf einander folgenden Bildern festzuhalten.[44]

Es ist denkbar, dass der Bewegungsablauf eines Geistwesens tatsächlich aus Ausdehnen und Zusammenziehen besteht: Auf eine Ausdehnung in solch einem Ausmaß, dass die beabsichtigte neue Position in die gegenwärtige Sphäre der Präsenz mit einbezogen wird, folgt ein Zusammenziehen, bis nur noch die neue Position in der Sphäre verbleibt. Dies könnte über gewaltige, gar intergalaktische Entfernungen geschehen – es gäbe einfach keine Begrenzung.

Dennoch hängt diese hypothetische Erklärung einer Heilung unter der Regie von Geistwesen nicht davon ab, ob wir uns den Mechanismus ihrer Beweglichkeit in dieser Weise vorstellen. Entscheidend ist die logische Konsequenz, die sich aus der Fähigkeit der Geistwesen ergibt, eine energetische Sphäre ausdehnen und zusammenziehen zu können. Da wir annehmen, dass die Gesamtenergie einer Geistwesen-Emanation während des Vorgangs von Ausdehnen bzw. Zusammenziehen annähernd konstant bleibt – unabhängig von der Größe und dem Rauminhalt, den sie einnimmt –, verändert sich ihre Energiedichte sehr stark im Prozess des Ausdehnens und Zusammenziehens. Je geringer die Größe, desto höher ist die Energiedichte.

Es ist also gut vorstellbar, das Emanationen von Geistwesen sich auf einen Durchmesser zusammenziehen können, der so klein ist, dass die Energiedichte in diesem geringen Rauminhalt extrem hoch ist. Wenn sich der Rauminhalt auf ein sehr kleines Maß zusammenzieht, wie zum Beispiel auf die Ebene von Zellen oder sogar von Molekülen und Atomen, kann er eine enorme Energiedichte erreichen, die in der Lage ist, den Zustand physikalischer Objekte grundlegend zu verändern. Das reicht dann aus, um chemische Verbindungen aufzubrechen, neue herzustellen oder sogar ganze Zellen zu verdampfen.

Geistwesen verfügen über eine hohe Intelligenz

Wenn die Tatsache, dass wir Emanationen von Geistwesen überhaupt fotografieren können, noch nicht genug Beweis für ihre Intelligenz ist, dann liefern unsere Kommunikationsfähigkeit mit Orbs (siehe Abbildung II-25) wie auch unsere Schlussfolgerungen aus den Stereobildern (Abbildungen II-32 und II-33) genau diesen Nachweis.

Es ist daher naheliegend zu schließen, dass die Intelligenz entwickelter Geistwesen unsere menschliche Intelligenz bei weitem übertrifft. Viele spirituelle Lehrer und Meister haben argumentiert, dass die geistige Welt aus Bewusstsein besteht, das sich mit unendlicher Geschwindigkeit bewegt und niemals abnimmt. Jedes Wesen, das die Fähigkeit und den Willen dazu hat, kann dieses Bewusstsein im Grunde zu jedem Zeitpunkt anzapfen.[45]

Von entwickelten Geistwesen nimmt man an, dass sie

über diese Fähigkeit verfügen. Wir können dies vielleicht mit dem Potenzial vergleichen, das wir Menschen aufgrund des Internets haben. Da gibt es allerdings zwei bedeutende Unterschiede: Unser Zugriff auf Information im Internet ist begrenzt in Bezug auf Zugriffsgeschwindigkeit und Datenübertragung; darüber hinaus finden wir nur Informationen im Internet und keine anderen »Produkte« des menschlichen Bewusstseins, wie zum Beispiel Gefühle, Mitleid oder Liebe.[46] Von unserem körperlich-menschlichen Bezugsrahmen aus betrachtet sind Geistwesen in der Lage, Informationen und Wissen aus allen Bereichen mit unendlicher Geschwindigkeit zu erwerben und aufgrund dieser Informationen unendlich schnell zu handeln.

Dennoch müssen wir selbst in diesem Zustand mit unendlichen Möglichkeiten davon ausgehen, dass Geistwesen nicht automatisch das für uns tun, wozu sie fähig sind. Wir müssen annehmen, dass sie nur dann in Aktion für uns treten, wenn sie durch ihre besondere Art von Kommunikation dazu veranlasst werden. Sie sind überaus intelligent und können einen Reichtum an Informationen im Bruchteil einer Sekunde unserer (physischen) Zeit erwerben, aber sie werden wahrscheinlich dieses Wissen nur dann zu unserem Nutzen einsetzen, wenn sie dazu motiviert sind.

Die Hypothese für göttliches Heilen

Die drei entscheidenden Merkmale von Geistwesen-Emanationen – schnelle Bewegung, schnelle Größenveränderung und Intelligenz – bilden die Grundlage, auf der wir eine Hypothese für die Mechanismen formulieren können, die bei einer Heilung unter der Regie von Geistwesen wirksam sind:

- Durch die Emanation in die physische Realität ist ein Geistwesen in der Lage, im Körper einer Person aktiv zu werden. Es kann – durch Zusammenziehen auf eine winzige Kugel mit hoher Energiedichte und nachfolgender Ausdehnung – selektiv einen Mangelzustand korrigieren, indem es chemische Verbindungen unterbricht oder wiederherstellt oder sogar ganze Zellen und Zellstrukturen »verdampft«.

- Entwickelte Geistwesen verfügen über die Intelligenz und die Information, die notwendig ist, um mit diesen Fähigkeiten körperliche Krankheiten zu heilen (oder sie können sich dieses Wissen augenblicklich verschaffen). Eine solche Heilung muss man sich als eine extrem lange Kette von einzelnen energetischen Eingriffen vorstellen. Da die Geschwindigkeit, mit der dies geschehen kann, jedoch unbegrenzt ist, können Milliarden solcher »Heilungs-Vorgänge« auf zellularer, molekularer oder atomarer Ebene im Bruchteil einer Sekunde stattfinden.

- Somit kann ein einziges entwickeltes Geistwesen innerhalb kürzester Zeit viele Menschen heilen.

- Die Heilungsfähigkeit ist unbegrenzt, aber sie wird nur »auf Anfrage« angewendet; sie geschieht nicht zwangsläufig, ohne vorher aufgerufen worden zu sein.

Wir wollen nun diese Hypothese überprüfen und auf eine Person mit Krebs-Metastasen anwenden. Gemäß dem ersten Teil unserer Hypothese wäre ein Geistwesen in der Lage, sein Energiefeld auf die Größe von Gewebezellen zu verkleinern und dieses zusammengezogene/konzentrierte Energiefeld präzise auf den Punkt zu richten, wo es gebraucht wird – zum Beispiel, um eine Ansammlung von Krebszellen unschädlich zu machen. Das Geistwesen könnte also genau das bewirken, was bei einer herkömmlichen Behandlung eine Strahlen- oder Chemotherapie leisten würde – mit dem zusätzlichen Vorteil der Präzision auf Molekülebene. Abhängig von der Energiemenge, die es auf eine Zelle oder auf ihre Moleküle richtet, könnte es eine bestehende Verbindung unterbrechen, die der Grund für das pathologische Verhalten der Zelle ist, oder das Geistwesen könnte eine Verbindung wiederherstellen, die unterbrochen war und zu einer fehlgeleiteten Funktion der Zelle geführt hatte. Außerdem könnte das Geistwesen genetische Fehler reparieren und alles tun, um ein gesundes Funktionieren von Zellen und DNA zu gewährleisten, oder es könnte krankhaftes Gewebe vollständig »verdampfen« oder abkapseln, damit es keinen weiteren Schaden anrichten kann.

Gemäß dem zweiten Teil unserer Hypothese würde das Geistwesen sich augenblicklich das Wissen darüber beschaffen können, was mit dem Patienten nicht stimmt, welche Zellen welches pathologische Verhalten verursachen und wie man dieses Problem am besten löst. Das Geistwesen wäre in der Lage, Informationen über jede Zelle in einer unglaublich schnellen Abfolge einzuholen, und zwar unabhängig davon, um wie viele Zellen es sich handelt. Die Analyse der Situation, das Zusammenziehen in der exakten Position, die Ausdehnung: Dieser Prozess wird ständig wiederholt, wenn es sein muss, Milliarden Mal im Bruchteil einer Sekunde!

Wenn man keinen physikalischen Geschwindigkeitsbegrenzungen unterliegt, spielt die Größe des Tumors nicht wirklich eine Rolle. Sobald das heilende Geistwesen mit einem Patienten fertig ist, könnte es im Bruchteil eines Augenblicks seine Aufmerksamkeit schon wieder auf die nächste Person, und auf die nächste, und auf die nächste Person richten usw.. Das einzige Kriterium ist, ob der Patient es wünscht oder dazu bereit ist, dass diese »heilende Arbeit« an ihm ausgeführt wird. Da die Gedanken des Patienten in derselben Wirklichkeit in Erscheinung treten, aus der heraus die Geistwesen operieren (nämlich der geistigen Welt), kann beides miteinander kollidieren, wenn der Patient bewusst oder sogar unbewusst nicht daran glaubt, dass das Geistwesen in der Lage ist, ihn zu heilen.

»Unsichtbare Operationen« durch Geistwesen

Die Beweise, die in diesem Abschnitt präsentiert werden, deuten darauf hin, dass dies tatsächlich ein möglicher Mechanismus ist, wie Geistheilung funktioniert. Es ist sicherlich nicht die einzig mögliche Erklärung aus einer Vielzahl von Möglichkeiten. Es scheint, dass das, was in Brasilien geschieht, unsere Hypothese bestätigt.

Wir wollen uns daher genau anschauen, wie dort »unsichtbare Operationen« durchgeführt werden. Wenn das Haus von Dom Inácio geöffnet ist, finden zweimal am Tag, früh am Morgen und am Nachmittag, unsichtbare Operationen statt. Beide Male werden sie »simultan« bei einer ganzen Gruppe von Menschen durchgeführt. Diejenigen, die operiert werden wollen – und dabei kann es sich jeweils um Hunderte von Patienten handeln – sitzen als Gruppe in einem Raum. Nach einer kurzen Einführung und einem Gebet findet die Operation statt, während die Patienten sitzen bleiben, normalerweise mit geschlossenen Augen. Manche spüren, dass etwas in ihrem Körper geschieht, andere fühlen kaum etwas oder gar nichts. Keiner kann wirklich sagen, wo im Körper die »Operation« stattfindet. Nach ein paar Minuten wird das Ende der Operation verkündet, und die Menschen werden nach draußen in einen »Erholungsbereich« geführt. Hier werden sie daran erinnert, dass sie gerade eine Operation durchgemacht haben und eine Ruhepause brauchen – unabhängig davon, ob sie etwas gespürt haben oder nicht. Die meisten Menschen, selbst diejenigen, die nichts gefühlt haben, stellen schon bald fest, dass etwas in ihrem Körper passiert, und befolgen frohen Mutes die Anweisung zum Ausruhen.

Unsere Hypothese stimmt völlig mit dem Ablauf der Ereignisse überein. Die Vorauswahl erfüllt die Voraussetzung, dass die Initiative vom Patienten ausgehen muss. Die Gruppensituation und die kurze Zeit, die für die Operation aller Mitglieder der Gruppe ausreicht, deutet auf die hohe Geschwindigkeit hin, mit der in der geistigen Welt »gearbeitet wird«. Viele Patienten bekommen nicht einmal mit, dass eine Operation stattgefunden hat, weil keine Einschnitte notwendig waren. Darüber hinaus sind keine (oder nur sehr wenige) Nervenzellen in Mitleidenschaft gezogen, und die Operation hat auch kein gesundes Gewebe beeinträchtigt, sondern beschränkte sich voll auf die pathologischen Zellen, Organe und Gewebeteile. Das Bedürfnis nach Erholung ist also verständlich, denn schließlich hat ein wirklicher Eingriff stattgefunden. Da ist es nur natürlich, dass sich die meisten nach einer unsichtbaren Operation schwach und wund fühlen.

Es wird gesagt, dass in erster Linie jene Geistwesen, die während ihrer letzten Inkarnation als Ärzte gearbeitet haben, die Operationen durchführen. Aber es gibt auch viele Wesen, die nicht diesen Hintergrund haben, aber genauso erfolgreich operieren. Dies bestätigt die Vermutung, dass das Wissen, das notwendig ist, um die Operationen durchführen zu können, letztlich von jedem entwickelten Geistwesen erworben werden kann. Es kann aber auch sein, dass in der geistigen, genauso wie in unserer physischen Welt, Geistwesen das tun, was sie gerne tun und was ihren Neigungen entspricht. Dies erklärt vielleicht, warum diejenigen, die als Menschen eine »medizinische Karriere« gemacht haben, ihr Talent wahrscheinlich eher dem Geistheilen zur Verfügung stellen als jene, die im inkarnierten Zustand andere Tätigkeiten verrichtet haben.

»Sichtbare Operationen« durch Geistwesen

Was geschieht im Haus von Dom Inácio bei »sichtbaren Operationen« und bei der Art von Geistheilung, die von spirituellen Heilern wie Ron Roth durchgeführt wird oder, Jahrzehnte zurück, von Aimee Semple McPherson und Kathryn Kuhlman (siehe Literaturverzeichnis) praktiziert wurde?

Tatsächlich unterscheiden sich sichtbare Operationen gar nicht so sehr von unsichtbaren, wie es auf den ersten Eindruck vielleicht erscheinen mag. In Übereinstimmung mit meiner Hypothese kann der »Energiestoß«, den viele Menschen empfinden, wenn sie von einem Heiler wie Ron Roth berührt werden, nicht sehr viel anders sein als die heilende Handlung, die von einem Geistwesen ausgeführt wird. Die Empfindungen, die die Menschen in einem solchen Moment haben, die Schwäche, die Stunden oder sogar Tage nach dem Ereignis gefühlt wird, und die massenhaft berichteten Wunderheilungen passen zu dem Muster, das ich in meiner Hypothese beschreibe.

Das Phänomen der sichtbaren Operationen im Haus von Dom Inácio und an verschiedenen anderen Orten, hauptsächlich in Brasilien und auf den Philippinen, ist äußerst interessant. Wie bereits erwähnt besteht der große Vorteil von sichtbaren Operationen darin, dem Zuschauer oder sogar dem Patienten anschaulich etwas zu zeigen, weil er so leichter von der Heilkraft der Geistwesen überzeugt werden kann, wenn er die Operation tatsächlich beobachtet und genau sieht, was geschieht: keine Betäubungsmittel, keine Schmerzen, fast überhaupt kein Blut, keine Narben nach Einschnitten und keine Respekt einflößenden Operationswerkzeuge.

Meine Hypothese kann dies sehr gut erklären, wenn man sich das Ganze als einen Prozess vorstellt, der in zwei Schritten abläuft: Zuerst geschieht der tatsächlich sichtbare Vorgang (zum Beispiel der Einschnitt, das Auge mit einem einfachen Messer auszuschaben oder das Einführen einer langen Metallstange durch die Nasenlöcher); danach die »eigentliche Arbeit« am kranken Gewebe.

Der erste Schritt ist mit einem enormen Aufwand verbunden, da auch er sich durch die gezielt ausgerichteten Abfolgen von Zusammenziehen und Ausdehnen des Energiefelds der Geistwesen-Emanationen vollzieht, und zwar, um zu demonstrieren, dass Geistwesen in der Lage sind, all dies leisten zu können. Der schmerzfreie Einschnitt, die nicht blutende Wunde, keine Betäubungsmittel, das merkwürdige Phänomen, dass Metallwerkzeuge eine biegsame Konsistenz annehmen – all dies geschieht in Übereinstimmung mit der Hypothese einer fast endlosen Aufeinanderfolge von Ereignissen, die in der Dimension der Moleküle stattfinden und ihren Ursprung darin haben, dass sich aus dem Geist hervortretende Energiekügelchen im superschnellen Wechsel unter der Regie von Geistwesen zusammenziehen und wieder ausdehnen. All dies geschieht nur aus dem Grund, um beim Patienten die körperlichen Auswirkungen der Einschnitte, die der Heiler im »sichtbaren Teil« der Operation vorgenommen hat, zu verbergen bzw. zu deaktivieren.

Der zweite Schritt ist dann der eigentliche Heilungsakt, wie weiter oben im Abschnitt über » unsichtbare Operationen« bereits beschrieben. Er ist logischerweise nicht mit dem ersten Schritt verknüpft. Der erste Schritt dient der Befriedigung der menschlichen Neugier; im zweiten Schritt wird die Krankheit geheilt, unter der der Patient leidet.

Ein Ablauf in dieser Weise würde auch erklären, warum einige Methoden der sichtbaren Operationen, die im Haus von Dom Inácio durchgeführt werden, bei jeder Art von Krankheit zur Anwendung kommen. Sei es ein Schnitt in den Bauch, das Auskratzen eines Auges, das Einführen eines Metallinstrumentes in die Nase und mehrmaliges Umrühren – die Methode von João de Deus scheint willkürlich zu sein und nicht im direkten Zusammenhang mit der Krankheit selbst zu stehen, unter der ein Patient leidet.

• • •

Viele von uns waren Zeugen von unglaublichen Geistheilungen durch Persönlichkeiten wie Ron Roth, João de Deus, Sri Bhagavan und zahlreiche andere Heiler. Während sich die Beweise schwer von der Hand weisen lassen, führt unsere Unfähigkeit nachvollziehen zu können, wie eine solche Heilung im Einzelnen geschieht, zu einem Zweifeln, selbst wenn die Tatsachen eine deutliche Sprache sprechen. Die Untersuchung von Orbs aber lässt uns den »Mechanismus« von geistigem Heilen besser verstehen.

Es wäre dennoch anmaßend, hieraus schließen zu wollen, dass wir eine Erklärung für geistiges Heilen gefunden haben. Aber die Orbs geben uns einen Hinweis darauf, dass eine enge Verbindung zwischen der geistigen Welt und unserer Gesundheit besteht. Vielleicht ist es viel anmaßender zu glauben, dass herkömmliche Medikamente oder sogar körperliche Eingriffe für sich genommen zur Heilung von Krankheiten führen. Wir leben keineswegs in einer Realität, die dort endet, wo unsere Fähigkeit zu sehen, zu hören, wahrzunehmen, zu berechnen, zu denken und zu kommunizieren aufhört. Wir leben in einem System, das sich über solche Begrenzungen hinweg bis in die Unendlichkeit erstreckt. Die universale Energie ist grenzenlos und seine Heilkraft unbeschränkt. Die Frage ist nur, ob wir davon Gebrauch machen oder nicht. Die Lösung findet sich nicht in dem einen oder dem anderen, sondern in dem einen und dem anderen.

Schlussfolgerungen der Autoren

Am Anfang, als wir planten, die Resultate unserer jeweiligen Forschungen über Orbs in einem gemeinsamen Buch zusammenzufassen, haben wir uns zwei zentrale Fragen gestellt: (1) Sind die Gebilde, die wir zu Zehntausenden mit unserer Kamera eingefangen haben, wirklich echt? (2) Stehen sie mit Wirklichkeiten in Verbindung, die außerhalb unserer menschlichen Wahrnehmung liegen? Da die Anzahl der Orb-Sichtungen weltweit rapide steigt, wurde es dringend notwendig, diesen Fragen auf den Grund zu gehen.

Wir hatten das starke Gefühl, dass unsere Antworten ähnlich ausfallen würden, obgleich sich unsere Forschungsansätze überraschenderweise wenig überschnitten hatten. Wir wussten auch beide, dass es weitere wichtige Fragen zu klären gab, wenn das Orb-Phänomen tatsächlich mit dem übernatürlichen Bereich in Verbindung stehen sollte. Haben wir es mit Wesenheiten zu tun, die aus einem Bereich kommen, den wir gemeinhin als göttlich betrachten? Stehen die Orbs in Verbindung mit anderen Lebensformen in unserem Universum? Haben sie eine Botschaft für uns, oder wollen sie uns etwas lehren? Was können wir aus unseren Forschungen lernen?

Unsere Forschungsergebnisse weisen viele Gemeinsamkeiten und interessante Unterschiede auf. Die größten Unterschiede zwischen unseren Beobachtungen stammen wahrscheinlich von unserer experimentellen Vorgehensweise oder haben zumindest etwas mit ihr zu tun. Míćaeál konzentrierte sich hauptsächlich auf Situationen im Freien und hatte nur wenig mit Menschen zu tun, während Klaus sich mehr mit Erscheinungen befasste, die in geschlossenen vier Wänden stattfanden, in erster Linie in Anwesenheit einer größeren Anzahl von Menschen, die sich auf einem spirituellen Retreat befanden.

Abgesehen von diesen fast diametral entgegengesetzten »Versuchsbedingungen«, stimmen unsere Untersuchungsergebnisse in vielen Aspekten überein:

- Die Benutzung des Blitzlichts ist eine Grundvoraussetzung, um Orbs überhaupt fotografieren zu können.

- Der Grund dafür liegt darin, dass sie nicht durch Reflexion oder Streuung auf dem CCD-Chip der Kamera aufgezeichnet wurden, sondern durch Fluoreszenz.

- Orbs sind in Hülle und Fülle gegenwärtig. Seit wir mit unserer Forschung angefangen haben, hat sich die Häufigkeit ihres Auftretens enorm vergrößert.

- Das Argument der Skeptiker, dass alle Orb-Abbildungen durch experimentelle Unzulänglichkeiten zustande kommen, kann nicht aufrechterhalten werden.

- Es gibt keine Hinweise darauf, dass Orbs durch Streuung an physikalischen Objekten entstehen.

- Es hat sich nicht erwiesen, dass Orbs etwa Abbildungen von physikalischen Objekten sind.

- Gegenwärtig gibt es keine zwingenden Argumente dafür, dass es sich bei der Energie von Orbs um konventionelle elektromagnetische Wellen oder physikalische Plasmazustände handelt.

- Dennoch handelt es sich bei den Orbs um ein energetisches Phänomen.

- Orbs zeigen sich in einer Bildserie an wahllos verschiedenen Stellen.

- Es gibt viele verschiedene Typen von Orbs.

- Oftmals zeigt sich in besonderen Situationen nur ein bestimmter Orb-Typ.

- Orbs zeigen Anzeichen von Intelligenz.

- Orbs scheinen mit uns kommunizieren zu wollen.

- Wir haben keine Anzeichen dafür, dass die Orbs uns in irgendeiner Weise feindlich gesonnen sind. Im Gegenteil, die Art und Weise, wie sie ihre Anwesenheit ausdrücken, deutet auf ein uneingeschränktes Wohlwollen uns gegenüber hin.

- Der Beweis der Orb-Fluoreszenz wirft die Frage auf, ob die Schwingungsebenen, die durch diesen Prozess nachgewiesen werden können, ähnlich »feste« Lebensbereiche darstellen wie unsere eigene Realität.

- Wenn unsere Hypothesen stimmen, werden wir eine neue
  Definition für das finden müssen, was wir gemeinhin unter »geistiger Welt« und »Jenseits« verstehen.

Aus all diesen Beobachtungen ziehen wir die Schlussfolgerung, dass unsere beiden zentralen Fragen positiv beant-
wortet werden können: Orbs sind in der Tat echt, und sie
stehen mit Bereichen in Verbindung, die außerhalb unserer
menschlichen Wahrnehmung liegen. Sie scheinen außerhalb der herkömmlichen physikalischen Gesetze zu existieren; dennoch können sie mit uns über Digitalkameras
kommunizieren, die heutzutage jedermann zur Verfügung
stehen.

Diese Kommunikation scheint von den Orbs auszugehen,
und wir dürfen daraus den Schluss ziehen, dass sie damit einen bestimmten Zweck verfolgen. Wir haben beide zwar
bestimmte Hypothesen aufgestellt, die sich mit dem befassen, was wir möglicherweise aus dem Orb-Phänomen lernen
können, aber wir stimmen auch darin überein, dass letzte
und unbezweifelbare Antworten auf diese wichtigen Fragen
erst in Zukunft gegeben werden können.

Obwohl die Forschungsergebnisse, die wir Ihnen in diesem Buch präsentiert haben, wahrscheinlich auf dem um-
fangreichsten Beweismaterial beruhen, das bis heute zum
Orb-Phänomen zusammengetragen wurde, haben wir das
Gefühl, dass wir gerade ein wenig an der Oberfläche von
dem gekratzt haben, was alles noch darunter- und dahinter-
stecken könnte. Weitere Forschungsarbeiten werden folgen
müssen, um uns neue Einblicke zu ermöglichen. Die entscheidende Frage, was sich hinter diesem geheimnisvollen
Phänomen verbirgt, ist fast noch ohne Antwort. Die Hypo-

thesen haben wir formuliert, um eine Diskussion in Gang zu bringen.

Wir sehen der Weiterführung der Orb-Forschung gespannt entgegen und laden Sie herzlich dazu ein, sich daran zu beteiligen!

Dr. theol. Dr. jur. Míċaeál Ledwith

Dr. phys. Klaus Heinemann

Wenn Sie mehr über dieses erstaunliche Phänomen wissen möchten, bestellen Sie *ORBS: The Veil is Lifting*, die DVD mit Kommentaren unterschiedlicher Experten auf dem Gebiet der Orbs, unter ihnen die Autoren Míċaeál Ledwith und Klaus Heinemann.

Preis: $ 29.95, Spielzeit ca. 86 Minuten.

Die DVD ist erhältlich über www.amazon.com oder direkt bei:
Beyond Words Publishing Inc.
20827 N.W. Cornell Road, Suite 500
Hillsboro, OR 97124-98908
Tel.: 001-503-531-8700
info@beyondword.com
www.beyondword.com

Anmerkungen

Vorwort

1. Irvin Rock: *The Nature of Perceptual Adaptation*, Basic Books, New York 1966.

2. Stewart Wolf: *Educating Doctors*, Transaction Publishers, New Brunswick 1997.

3. Glen Rein und Rollin McCraty: »Local and Non-Local Effects of Coherent Heart Frequencies on Conformational Changes of DNA«, in: *Proceedings of the Joint USPA/IAPR Psychotronics Conference*, Milwaukee 1993.

4. William A. Tiller: *Science and Human Transformation*, Pavior Publishing, Walnut Creek 1997.

5. William A. Tiller, W.E. Dibble jr. und M. J. Kohane: *Conscious Acts of Creation*, Pavior Publishing, Walnut Creek 2001.

6. William A. Tiller, W.E. Dibble jr. und J. G. Fandel: *Some Science Adventures with Real Magic*, Pavior Publishing, Walnut Creek 2005.

7. Martin Enserink: »Can the Placebo Be the Cure?«, in: *Science* 284 (9. April 1999), 238-40.

Teil I

1. Gary E. Schwartz und Katherine Creath: »Anomalous Orbic Spirit Photographs? A Conventional Optic Explanation,« in: *Journal of Scientific Exploration*, Nr. 3 (2005), 343-58.

2. JZ Knight: *A State of Mind: My Story: Ramtha, the Adventure Begins*, Warner Brothers, New York 1987, 359.

3. Ramtha, der Erleuchtete, gechannelt durch JZ Knight. *Ramtha: The White Book*, edited by Steven Lee Weinberg, JZK Publishing (überarbeitete und erweiterte Ausgabe), Yelm 2004, 89, 203. (Das Weiße Buch, Michaels-Verlag, Peiting 2003)

4. Bei einer Digitalkamera speichert ein CCD-Chip die Bilder digital,während bei einem normalen Fotoapparat die Bilder auf einem Negativfilm festgehalten werden.

5. Ich gehe an dieser Stelle bewusst nicht auf Objekte ein, die aufgrund einer internen chemischen Reaktion Licht ausstrahlen oder die irisierend sind, weil sie über eine genügend hohe Temperatur verfügen, um aus sich selbst heraus Licht zu erzeugen. Auch wissen alle, die sich mit der Orb-Fotografie beschäftigen, dass ein bedeutender Anteil von Orbs lichtdurchlässig oder transparent ist, zumindest teilweise. Transparente Objekte haben keine ausreichende Dichte, um das Licht abzuschirmen, das aus ihrem Hintergrund kommt; sie streuen auch nicht ausreichend das Licht zurück, das auf sie fällt – zumindest nicht stärker, als es notwendig wäre, um ihre Gegenwart anzuzeigen.

6. Ramtha, der Erleuchtete, gechannelt durch JZ Knight: *A Beginner's Guide to Creating Reality: An Introduction to Ramtha and His Teachings*, JZK Publishing (überarbeitete und erweiterte Ausgabe), Yelm 2000, 111-25.

7. Ebd., 113

8. Ebd., 116

9. Ebd., 116

10. Ebd., 117

11. Ebd., 118

12. David Bohm: *Quantum Theory*, Prentice-Hall, New York 1951; *Wholeness and the Implicate Order*, Routledge, London, Boston

1980 (deutsch: *Die implizite Ordnung. Grundlagen des dynamischen Holismus*, Goldmann, München 1987); *Thought as a System*, Routledge, London, New York 1994.

13. *Ekto* und *plasma* sind griechische Wörter und stehen für »objektiv wahrnehmbare Substanz«.

14. Nachalov Y. V. und Parkhomov E. A.: »Experimental Detection of the Torsion Field«, in: http://www.amasci.com/freenrg/doc15.html.

15. Nikolai Alexandrovich Kozyrev: *Izbrannyye trudy* (Ausgewählte Werke), Staatsuniversität von Leningrad, 1991. A. I. Veinik: *Termodinamika realnykh protsessov* (Die Thermodynamik realer Prozesse), Nauka i Tekhnika, Minsk 1991. M. M. Lavrentiev u. a.: *O registratsii reaktsii veshestva na vneshnii neobratimyi protsess* (Wie eine Substanz auf einen irreversiblen äußeren Einfluss reagiert), in: Doklady AN SSR, Band 317, Nr. 3, 1991. Alles zitiert in Nachalov und Parkhomov, a.a.O.

16. Schwartz und Creath, in: *Journal of Scientific Exploration 19*, Nr. 3 (2205), 355.

Teil II

1. Es gibt allerdings auch bemerkenswerte Ausnahmen, die diese pauschale Behauptung widerlegen, wie zum Beispiel die ausgezeichnete Arbeit von Harvey Martin, der in den Achtzigerjahren die Experimente von Dr. Berthold Schwartz weiterführte, um zu beweisen, dass intelligente, nicht physische Wesen bestimmte physikalische Aufgaben erfüllen können. Diese Aufgaben wurden im Inneren eines hermetisch abgeschlossenen Glasbehälters (einem Aquarium) ausgeführt und von außen mit einer Filmkamera aufgenommen, die immer dann lief, wenn eine physische Bewegung in Aquarium stattfand. Gleichzeitig wurde ausgeschlossen, dass äußere Einflüsse wie mechanische Vibration, Veränderungen in der Temperatur und Feuchtigkeit, Licht oder andere Faktoren die Bewegung auslösen konnten. Die Aufnahmen zeigten bizarre

Vorkommnisse: Ein Stift wird bewegt, eine Mitteilung wird auf ein Blatt Papier geschrieben, dieses wird in einen vorbereiteten Umschlag gesteckt, der Umschlag wird adressiert, aus dem hermetisch versiegelten Aquarium entfernt und mit Hilfe der Post an den Adressaten geschickt.

2. Ich benutzte eine Pentax Optio 330 Digitalkamera (3,34 Megapixel) im Weitwinkelmodus (7,6 mm Brennweite, was einer Brennweite von 40 mm bei einer Standard-35-mm-Kamera entspricht) mit dem eingebauten Blitzlicht; Bildauflösung 2048x1536x24b jpeg, 1,05 MB Bildspeicher.

3. Der Festsaal hatte eine fast quadratische Grundfläche und fasste ungefähr 600 Personen; ca. 250 Teilnehmer waren anwesend. Die eine Seite des Saals, von der Kamera aus links, bestand aus einer Fensterfront, die genügend Tageslicht in den Saal ließ. Die Deckenhöhe entsprach dem Standard für moderne, große Festsäle; die Luftqualität stimmte mit dem A/C-Standard überein. Mindestens 24 Stunden vor der Veranstaltung und während des Seminars wurde nicht geraucht.

4. Ich habe mit mehreren hellsichtigen Menschen gesprochen, die Geistwesen sehen können. Für sie geschieht der Übergang von getrennt wahrnehmbaren zu ineinander übergehenden Bildern typischerweise in viel kürzeren Intervallen. Oft beklagen sich diese Menschen, dass der TV-Bildschirm oder der Film auf der Kinoleinwand »flackert« und bei ihnen Kopfschmerzen verursacht (in beiden Fällen werden 60 Bilder in der Sekunde erzeugt).

5. Die Unfähigkeit des menschlichen Auges, Bilder wahrzunehmen, die nur sehr kurz andauern (z.B. weniger als eine Dreißigstelsekunde), wird in der Werbung sogar gezielt genutzt. Kurze Einblendungen eines Werbeslogans werden hier und da in das normale Fernsehprogramm in der Hoffnung eingestreut, dass der Zuschauer sie unbewusst wahrnimmt.

6. Ich benutzte ACDSee.

7. Dennoch kann die elektronische Bildverarbeitung nicht mit einer manuellen Veränderung bestimmter Bildmerkmale verglichen werden, wie es bei der herkömmlichen Entwicklung des Negativfilms in der Dunkelkammer möglich ist. Eine solche Beeinflussung wird normalerweise nicht gleichmäßig auf das ganze Bild angewendet und wäre daher auch keine akzeptable Methode, um die Wiedergabequalität von Orb-Fotos zu steigern.

8. Harvey Martin ist durch sein Buch über die Geistheiler auf den Philippinen bekannt geworden. Er hielt diesen Vortrag auf Einladung von Ron Roth während eines Heilseminars.

9. Die Bilder in Abbildung II-6 wurden mit einer hoch auflösenden Nikon Coolpix 8800 in dem großen Festsaal des Hilton Hotels in Sedona (Arizona) aufgenommen. Ich befand mich auf der mittleren Seite des Saals und benutzte eine mittlere Brennweite des Teleobjektivs. Der Tisch, über dem das Geistwesen fotografiert wurde, stand an der dunklen hinteren Wand. Aufgrund der Entfernung von der Kamera erscheint der Hintergrund dunkler als er tatsächlich war.

10. Derselbe Standort und dieselbe Kamera wie in Abbildung II-6.

11. Ich benutzte die hoch auflösende Nikon Coolpix 8800.

12. Die weißen Quadrate kennzeichnen die beiden unterschiedlichen Positionen des Orbs. Er hat sich von einer Stelle über den Köpfen der Kinder zu einer Stelle auf der linken unteren Seite bewegt. Sein Ausmaß ist dort nur noch halb so groß und er ist gegen den Uhrzeigersinn um 30 Grad gedreht.

13. Das Bild wurde von einem Gruppenfoto abgeschnitten; der Orb erschien ungefähr zwei Meter über den Köpfen. Beide Bilder wurden mit der Pentax Optio 330 gemacht.

14. Das Foto wurde nicht elektronisch nachbearbeitet.

15. Mehr Informationen über sichtbare und unsichtbare Operationen im Haus von Dom Inácio erfahren Sie im Nachwort.

16. Tatsächlich befindet er sich genau auf der gegenüberliegenden Seite der Kamera. Wenn sich zwischen der Kamera und

dem Orb ein Objekt befindet, so ist das schon von sich aus der klare Beweis dafür, dass es sich um eine echte Geistwesen-Emanation handelt. Zweifelnde Argumente, wie zum Beispiel Kameradefekt, Linsenfehler, Reflexion, Staubteilchen oder Feuchtigkeit, sind nicht mehr stichhaltig. Ich gehe näher auf diese wichtige Entdeckung in Kapitel 9 ein.

17. Ich glaube nicht, dass es sich dabei um denselben Orb handelt. Dafür ist er ein wenig zu klein und zu hoch und entspricht nicht der Position der Videokamera, die ungefähr in Höhe von Ron Roths Kopf war. Wäre er ein Teil der Videoaufnahme und kein eigenständiger Orb, müsste er zudem einen elliptischen Umriss haben, entsprechend dem Winkel, unter dem die Leinwand auf dem Foto zu sehen ist.

18. In meinen Büchern *Expanding Perception* und *Consciousness or Entropy?* befasse ich mich ausführlich mit dem Unterschied zwischen »physischer« und »spiritueller« Realität.

19. Der Begriff »Naturgeister« und ihre Existenz ist in der Literatur, die sich mit der geistigen Welt befasst, weitgehend akzeptiert. In diesem Buch können wir nicht näher darauf eingehen, als diesen Aspekt nur anreißen zu können. Wenn Sie sich näher dafür interessieren, empfehle ich das Buch *Spirit and Matter* von Dr. José Lacerda de Azevedo. Er schreibt so selbstverständlich über die verschiedenen Ebenen der geistigen Welt, als würde er die Zivilisationen in unserer physischen Realität beschreiben.

20. Der Garten, in dem wir saßen, war mit Gras bedeckt, hatte gepflasterte Wege und die Luft war klar – kein Niederschlag und kein Staub, aber es hatte erst vor kurzem geregnet. (Siehe »Die Skeptiker widerlegen« in Kapitel 9 für eine Diskussion über die Bedeutung dieser Begleitfaktoren.)

21. Leonore Sweet: *How to Photograph the Paranormal* (siehe Literaturverzeichnis).

22. Das Spektrum des Blitzlichts enthält viele Farben des sichtbaren Spektrums mit Höchstwerten (an Intensität) im blauen

Spektralbereich. Auf diese Weise entsteht eine »Farbtemperatur« von 5600 Grad Kelvin (ca. 3000 Grad entsprechen dem
Glühlampenlicht, 5600 Grad dem Licht während der Mittags-
zeit). Die überwiegende Mehrzahl der Photonen, die ein elektronischer Blitz abgibt, sind energetisch eindeutig höher als
Infrarotlicht.

23. Selbst die Bilder in Abbildung II-11 wurden mit Hilfe des Blitzlichts gemacht – ich hatte damals einfach versucht, die Gesichter der fotografierten Personen »aufzuhellen«. Wenn man ein
Foto mit einer Belichtung von einer Tausendstelsekunde machen will, ohne den Blitz einzusetzen, braucht man sehr helle
Lichtverhältnisse, wie zum Beispiel eine Schneelandschaft bei
voller Sonneneinstrahlung. Da der Hintergrund unter solchen
Bedingungen sehr hell ist, hätten Geistwesen, die selbst Licht
aussenden, wenig Kontrast zu ihm, sodass es extrem schwierig
wäre, sie überhaupt zu erkennen.

24. Dies geschieht mit einer Schwankung der Farbtemperatur
zwischen 5000 und 6000 Grad Kelvin.

25. Es gibt eine Fülle von Beweisen für dieses Phänomen (wenngleich die offizielle Wissenschaft sie als Einzelfälle abtut). Ein
Beispiel, die Erscheinungen der »Heiligen Mutter«, wird ausführlich in Kapitel 10 diskutiert.

26. Fresnelränder sind ein Phänomen der optischen Brechung.
Wenn man zum Beispiel einen Lichtstrahl auf eine Platte richtet, die ein sehr kleines Loch hat, und die Verteilung des Lichts
(das »Bild« des Lochs) auf einem fotografischen Medium (oder
mit einer Digitalkamera) hinter der Platte festhält, dann erhält
man auf dem Foto nicht, wie vielleicht erwartet, eine kleine
helle Scheibe mit einem scharfen Rand. Stattdessen ist der
Rand der Scheibe unscharf und besteht aus einem oder mehreren konzentrischen Ringen, die sich sowohl im Inneren des
leuchtenden Loch-Bildes als auch im dunklen Raum, der es umgibt, ausbreiten. Hierbei handelt es sich um Fresnelränder.

27. Das Foto in Abbildung II-29 wurde auf einem Heilseminar
von Ron Roth, der im Vordergrund sitzt, gemacht. Zwei Orbs

wurden festgehalten, der eine hinter dem Altarschleier, Mitte links, und der andere hinter der rechten Fahnenstange. Die abgeschnittenen Orbs sind auf den unteren beiden Bildern der Abbildung II-29 vergrößert dargestellt.

28. Siehe auch Abbildung II-31. Die beiden Fotos wurden im Abstand von einer Minute gemacht. Stark leuchtende Orbs zeigen sich an unterschiedlichen Stellen.

29. Kamera A war eine Nikon Coolpix 8800 mit einer Bildauflösung von 8 Megapixel. Ich habe das eingebaute Blitzlicht mit normaler Standardeinstellung verwendet.

30. Kamera B war eine Pentax Optio 330 mit 3,3 Megapixel.

31. Eines von Professor Tillers berühmten Experimenten über die Auswirkungen des menschlichen Willens auf das Ergebnis einfacher physikalischer Untersuchungen wurde im Jahr 1990 durchgeführt (siehe Literaturverzeichnis). Er testete, ob Menschen in der Lage sind, die Impulsrate eines Gaszählers dadurch zu beeinflussen, dass sie ihre Hände nah an das Gerät hielten (ohne es jedoch zu berühren). Wenn die Versuchsteilnehmer beabsichtigten, die Impulsrate gezielt zu erhöhen, kam es tatsächlich zu einem Anstieg. Sobald die Teilnehmer abgelenkt waren, weil sie zum Beispiel einfache mathematische Gleichungen lösen sollten, fiel der Zähler wieder auf seine Ausgangsposition. Diese Experimente wurden mit verschiedenen Testpersonen in unterschiedlichen Situationen durchgeführt. Das grundlegende Forschungsergebnis war, dass der menschliche Wille den Ausgang physikalischer Prozesse tatsächlich beeinflussen kann.

32. Die zahlreichen Berichte über Fernheilungen können so – zumindest im Prinzip – mit einer Projektion menschlichen Willens erklärt werden.

33. Ich benutze das Wort »angeblich«, weil es keinen stichhaltigen wissenschaftlichen Beweis für die Echtheit dieser Erscheinungen gibt. Ich setze es in Anführungszeichen, um darauf hinzuweisen, dass ich nach intensivem Studium der vielen Forschungs-

ergebnisse, die zu diesem Thema vorliegen und veröffentlicht wurden, das Gefühl habe, dass die Beweise für eine Echtheit jedoch zwingend sind.

34. Der Begriff »Ewige Wirklichkeit«, den Laurentin und Joyeux benutzen, stimmt vollständig mit dem überein, was andere und ich selbst als spirituelle oder göttliche Wirklichkeit bezeichnen.

35. Diese Schlussfolgerung entspricht meiner eigenen Ansicht zu diesem Thema, die ich in meinen Büchern *Consciousness or Entropy?* und *Expanding Perception* dargelegt habe.

36. Ein Auftrieb wird zweifellos auch durch eine Vielzahl anderer Initiativen bewirkt werden, einschließlich weltweiter Erweckungsbewegungen, wie zum Beispiel das »Oneness Movement«, das vor einem Jahrzehnt noch auf Südindien beschränkt war (mit Sri Bhagwan und Sri Amma) und in der Zwischenzeit immer mehr Zuspruch auf allen Kontinenten erhalten hat. Aber solche spirituellen Bewegungen werden nicht unbedingt – und wenn, dann nur sehr zögerlich – das wissenschaftliche Establishment erreichen. Beide Ansätze sind daher dringend nötig.

37. Die Erscheinungen von Medjugorje waren nicht physischer Natur, aber die Menschen, die diese Erfahrungen machten (die Visionäre), nahmen sie eindeutig wahr und verarbeiteten sie mit ihrem physischen Potenzial mit Sinn und Verstand.

38. Der zweite Teil dieser Annahme ist meine eigene Interpretation. Sie beruht auf der Beobachtung, dass die politischen, soziologischen und ökologischen Bedenken, die spirituell bewusste Menschen haben, sich auf die Erkenntnis stützen, dass der gegenwärtige Kurs der Menschheit unweigerlich in einer globalen Katastrophe enden wird.

39. Siehe Abschnitt »Der fotografische Prozess« in Kapitel 9.

40. Ein Kritiker könnte argumentieren, dass der Blitz eine zweite Lichtemission auslöst, die auf ihn (den Blitz) ausgerichtet und nicht isotrop ist. Die Experimente widerlegen aber dieses Ar-

gument, weil die Orbs zufällig von der einen oder der anderen Kamera aufgenommen oder nicht aufgenommen wurden, und zwar unabhängig davon, bei welcher das Blitzlicht eingeschaltet und bei welcher nur der Verschluss geöffnet war.

41. Dies bestärkt auch die Schlussfolgerung, dass das Energiefeld dunkler Geister nicht stark genug ist, um physikalisches Licht zu absorbieren; stattdessen lenkt es dieses einfach nur ab.

42. Wie wir im vorangegangenen Kapitel gesehen haben, muss es nicht bedeuten, dass keine Geistwesen anwesend sind, wenn wir auf einem Digitalfoto keine Emanationen entwickelter Geistwesen erkennen können.

43. Ich benutze hier bewusst den Plural. Er impliziert, dass es in der geistigen Welt eine hierarchische Vielfalt von Geistwesen gibt und nicht nur eine ungeheuer machtvolle, schwer fassbare, nicht weiter beschriebene Zusammenballung von nicht physischer Energie und kosmischem Bewusstsein, die jemand, der in der jüdisch-christlichen Tradition steht, normalerweise mit dem »Heiligen Geist« assoziiert.

44. Da die »normale« Daseinsform eines Geistwesens darin besteht, in Bewegung zu sein, ist das Stillhalten für die Dauer der Belichtungszeit vielleicht genauso unrealistisch, als würden wir von einem vierjährigen Kind erwarten, dass es während eines Gottesdienstes ständig stillsitzt.

45. Dies wird auch als ein wichtiges Prinzip an der *Oneness University* in Golden City, Südindien gelehrt. Es ist außerdem die zentrale Lehre des Abraham (gechannelt von Esther und Jerry Hicks) und der Jacob-Gorman-Gruppen.

46. Dieser Vergleich mit dem Internet hinkt ein wenig, denn der Unterschied zwischen dem, was die geistige Welt bereithält, und dem, was wir *online* finden können, ist immens und wird es auch bleiben, trotz aller technologischen Fortschritte.

Literaturverzeichnis

Azevedo, José Lacerda de: *Spirit Matter: New Horizon for Medicine*, New Falcon Publications, Tempe 1997.

Browne, Sylvia: *Prophecy: What the Future Holds for You*, New American Library, New York 2005.

Heinemann, Klaus: *Consciousness or Entrophy?: A Guide Toward a Fresh Understanding of Man's Purpose and Required Response*. Eloret Press, Sunnyvale 1991.

—: *Expanding Perception*, Word Association Publishers, Tarentum 2004.

Kuhlman, Kathryn: siehe http://www.godswordtowomen.org/studies/articles/kuhlman.htm.

Laurentin, René und Joyeux, Henri: *Scientific and Medical Studies on the Apparitions at Medjugorje*, Veritas Publishing, Dublin 1987. (Original in Französisch von Editions OEIL, Paris 1985.)

Martin III, Harvey J.: *The Secret Teaching of the Espiritistas; A Hidden History of Spiritual Healing*, Metamind Publications, Savannah 1999.

McPherson, Aimee Semple: siehe http://en.wikipedia.org/wiki/Aimee_Semple_McPherson.

Rathbun, Harry: *Creative Initiative: Guide to Fulfillment*, Creative Initiative Foundation, Palo Alto 1976.

Roth, Ron, mit Peter Occhiogrosso: *The Healing Path of Prayer: A Modern Mystic's Guide to Spiritual Power*, Harmony Books, New York 1997.

—: *Holy Spirit for Healing: Merging Ancient Wisdom with Modern Medicine*, Hay House, Carlsbad 2001.

—: *Holy Spirit: The Boundless Energy of God*, Hay House, Carlsbad 2000.

—: *Prayer and the Five Stages of Healing*, Hay House, Carlsbad 1999.

Sweet, Leonore: *How to Photograph the Paranormal*, Hampton Roads Publishing, Charlottesville 2005.

Tiller, William A.: »A Gas Discharge Device for Investigation Focused Human Attention«, in: *Journal of Scientific Exploration 4*, Nr. 2 (1990), 255.

—: Walter E. Dibble und J. Gregory Fandel: *Some Science Adventures with Real Magic*, Pavior Publishing, Walnut Creek 2005.

Xavier, André Luiz Francisco Candido: *The Astral City*, siehe elektronische Ausgabe unter http://www.sgny.org/main/Books/Astral-City.pdf.